Fit
mit den
5 Elementen

Fit mit den 5 Elementen

Gesund und ausgeglichen
100 Jahre alt werden

av BUCH

Inhalt

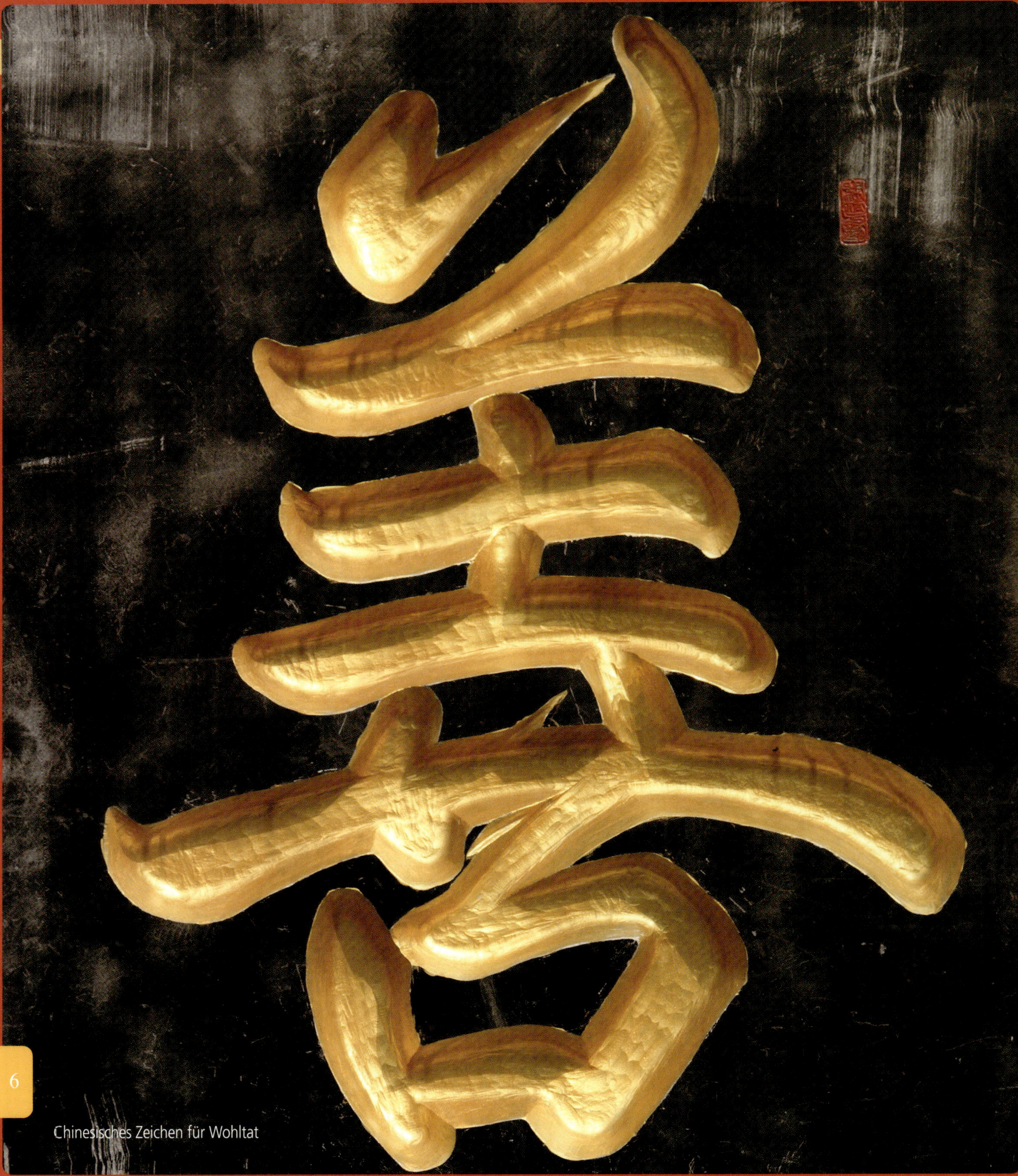

Chinesisches Zeichen für Wohltat

Vorwort

Bei meinen Reisen durch das Land der Mitte habe ich immer wieder sehr alte Menschen getroffen, die erstaunlich fit waren: den 92-jährigen Arzt, der immer noch praktizierte, oder die zwei Alten, die frühmorgens im Park mit Schwung und jugendlicher Begeisterung ihre Säbelgefechte aufführten. Woher kommt diese erstaunliche Vitalität der älteren Menschen, die man in Europa nur selten antrifft? Die Senioren in China sind aktiv, beweglich und immer auf dem neuesten Stand der Entwicklungen. Auch technische Neuheiten werden von ihnen nicht, wie bei uns oft üblich, verworfen, sondern ausprobiert und erlernt. Diese geistige Beweglichkeit, die das chinesische Volk schon immer auszeichnete, ist verantwortlich für einen großen Teil der Jugendlichkeit.
Wo die „moderne Zeit“ mit ihren Errungenschaften noch nicht Einzug gehalten hat, leben die Chinesen nach ihren althergebrachten Lebensgewohnheiten in Harmonie mit der Natur. Sie essen bescheiden, bewegen sich ausreichend, sind ausgeglichen und fröhlich. Diese Lebensweise wirkt vielfach auch noch in das moderne Leben hinein, sodass selbst die Bewohner der riesigen Großstädte einen erheblich besseren Gesundheitszustand aufweisen als der durchschnittliche Europäer oder Amerikaner.
Die gesundheitlichen Probleme in der westlichen Welt sind erschreckend geworden und die Statistiken sprechen eine deutliche Sprache. Übergewicht, chronische Müdigkeit, Infektanfälligkeit, Allergien und viele andere Symptome sind eindeutige Zeichen einer falschen Lebensweise und sollten auf natürliche Art und Weise wieder ins Lot gebracht werden.
Bei meinem jüngsten Besuch in der Volksrepublik China im Jahr 2008 habe ich leider feststellen müssen, dass sich die Verhältnisse auch dort langsam ändern. Viele, vor allem junge Chinesen haben schon Gewichtsprobleme, man sieht sogar häufig Kinder und Jugendliche mit „Rettungsringen“. Der Einzug von Fastfood, Bewegungsmangel und anderen westlichen „Errungenschaften“ verändert auch hier sichtbar die Gesellschaft.
Das vorliegende Buch möchte Ihnen den Weg zu mehr Gesundheit und Vitalität zeigen. Es soll Ihnen zum Teil noch niemals veröffentlichte „Schätze“ für Ihre Gesundheit zur Verfügung stellen. Sie lernen Ihren speziellen Elementtyp kennen und können Ihre Übungen und Methoden dann optimal an Ihre eigenen, auch wechselnden Bedürfnisse anpassen. Ernährung, Bewegung, Entspannung und Raumheilung sind u. a. Themen, die besprochen werden. Alle genannten Tipps sind leicht nachvollziehbar, die Rezepte sind einfach zuzubereiten und die Zutaten stammen bis auf einige wenige aus Mitteleuropa. Meine Erläuterungen sollen dem interessierten Laien ein paar Anregungen vermitteln, die er ohne allzu großen Aufwand in seinen Alltag integrieren kann, um harmonischer mit sich und seiner Umwelt leben zu können.
Das Buch soll und kann jedoch keine sinnvolle und nötige medizinische Behandlung seitens eines qualifizierten, in der Traditionellen Chinesischen Medizin ausgebildeten Experten ersetzen. Der Schwerpunkt liegt vielmehr auf dem Erlernen eines sinnvollen Bewusstseins für die körpereigenen Energien und deren Störungen.
Im Vorfeld vieler Erkrankungen liegen Befindlichkeitsstörungen, die sich im emotionalen und körperlichen Bereich bemerkbar machen. Diese Störungen zu erkennen und zu behandeln soll hier die Aufgabe sein. Das Buch erhebt keinerlei Anspruch auf Vollständigkeit oder ausführliche Erklärungen zu den einzelnen Bereichen. Die Traditionelle Chinesische Medizin ist ein sehr umfangreiches Studiengebiet und sollte auf keinen Fall von Laien im Handstreich erlernt und eingesetzt werden. Sie setzt jahrzehntelanges Lernen und praktische Erfahrungen am Patienten voraus.
Wer sich – auch durch das vorliegende Werk – motiviert fühlt, mit dem Thema eingehender zu beschäftigen, findet im Literaturverzeichnis entsprechende weiterführende Bücher zur Wissensvertiefung.

Viel Freude beim Lesen dieses Buches und Erfolg beim Anwenden der Übungen wünscht Ihnen

Hans-Joachim Schneider

Klostermauer mit Feng-Shui-Figuren

大雄寶殿

Einleitung

Traditionell hat sich die chinesische Kultur immer schon mit der Erhaltung und Pflege der Gesundheit beschäftigt. Alle chinesischen Kaiser beauftragten ihre Ärzte, die besten Pflanzen, Bewegungsübungen und Heilmethoden für ein ewiges Leben zu suchen. Sowohl in der Tradition des Taoismus als auch in der des Buddhismus wurden Methoden entwickelt und kultiviert, die gesundheitserzeugend und -erhaltend wirken sollten.
Der Buddhismus, der seinen Ursprung in Indien hat, brachte viele Körperübungen, die zum Teil dem Yoga entstammen, sowie die Meditation ins kulturell aufgeschlossene China. Ohne Vorurteile wurden die neuen Übungen und Errungenschaften getestet und weiterentwickelt. Alle wirksamen Methoden wurden über Jahrtausende in der Stille von Klöstern erprobt, verbessert und erweitert. So entstand eine Vielzahl von Übungen und Lehren, die der Gesunderhaltung sowie der Therapie von Krankheiten dienten. Das bekannteste Beispiel für solch einen Ort der Lehre und Forschung ist das Shaolinkloster in der Provinz Henan, das durch seine „Kampfmönche", die Erstaunliches vollführen, internationale Berühmtheit erlangte. All diese Übungen und Lehren beruhen auf dem Verständnis der 5 Elemente und sind nur dann wirksam, wenn sie nach deren Gesetzen individuell angewandt werden.
Der Taoismus, eine Philosophie, die sich mit den Gesetzen der Natur beschäftigt, hat das Modell der 5 Elemente schon vor 5000 Jahren entwickelt.

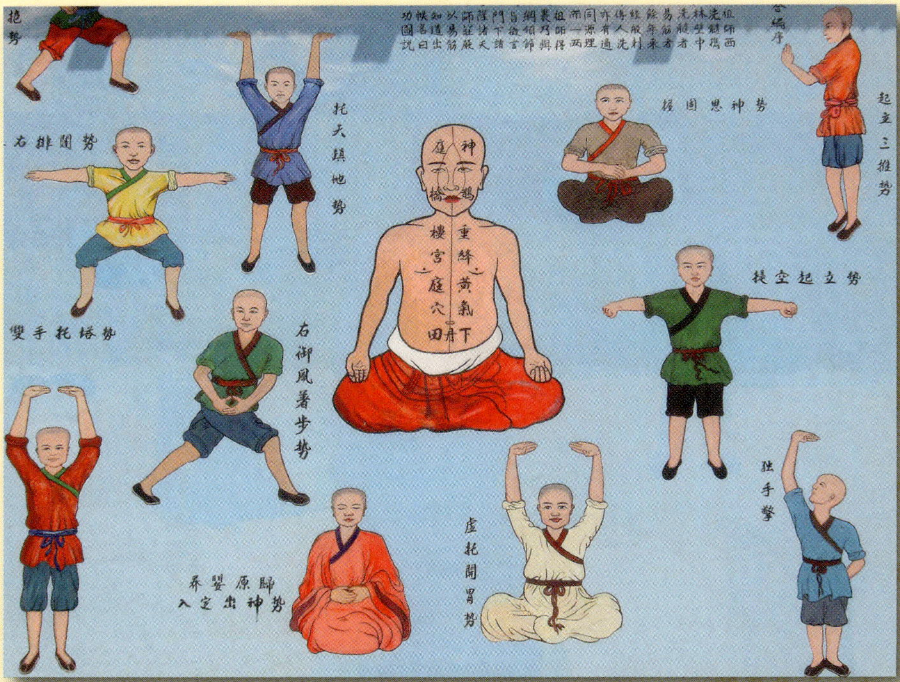

Gymnastikwandtafel an einem Hotel

Zen und Tao

Zen (japanisch) oder chinesisch Chan ist eine Richtung des Buddhismus. Dieser etablierte sich in China um das Jahr 550 n. Chr. Ein Mönch namens Bodhidharma bzw. Damo wanderte von Indien nach China, bis er zu dem im Herzen Chinas, in der Provinz Henan liegenden Shaolinkloster kam. Der Überlieferung nach meditierte er in dessen Nähe neun Jahre lang in einer Höhle mit Blick zur Wand, bis er schließlich erleuchtet wurde.
Danach unterrichtete er die Mönche. Durch langes Meditieren im Sitzen waren sie damals schwächlich und krank. Damo entwickelte verschiedene Übungen für sie, um ihre Gesundheit zu stärken. Diese Bewegungsabläufe waren zunächst nur zur Steigerung der Vitalität und Verbesserung der Beweglichkeit gedacht, wurden aber später zu Kampfkunstübungen weiterentwickelt.
Der Zen-Buddhismus unterscheidet sich in einigen Punkten von anderen Richtungen dieser Religion. Wichtigster Unterschied ist der Schwerpunkt auf Gesundheit. Im Zen-Buddhismus ist es sehr wichtig, seinen Körper zu schätzen und zu pflegen, denn er gilt als Tempel des Geistes.
Der für uns wichtigste Lehrsatz ist: Man muss nicht nach Erleuchtung streben, denn sie ist bereits erreicht. Das Bewusstsein, das Leben jeden Tag nur in der absoluten Jetztheit zu erleben und als Geschenk zu schätzen und zu pflegen, ist die höchste Art der Erleuchtung.
Jeder von uns ist bereits weise und erleuchtet, er muss nur sein Leben entsprechend leben.
Dazu gehört, die Gesundheit zu erhalten und zu pflegen und das Bewusstsein im Jetzt zu verankern. Diese philosophischen Aspekte des Buddhismus sind sehr wichtig und können ohne Glaubensänderung in unser Leben integriert werden. Sie bedeuten eine große Chance für jeden, sein Leben einfacher und glücklicher zu leben.
Unser höchstes Gut, die Gesundheit, wird als „Nebeneffekt" optimiert und wir können ein hohes Alter ohne irgendwelche Beschwerden erreichen. Also keine Angst vor einer neuen Sekte oder Religion, einfach die positiven Aspekte übernehmen. Die Philosophie des Zen bietet dem modernen Menschen genau das, was er in dieser oft etwas sinnentleerten Zeit benötigt: Ruhe, Gelassenheit und viel, viel Gesundheit.
Der Buddhismus hat sehr viel vom Taoismus übernommen, der uns in der chinesischen Medizin und den 5 Elementen häufig begegnet. Daher wollen wir uns nun kurz mit dieser alten, weisen Philosophie beschäftigen.

Der Taoismus

Das Wort Tao bedeutet „Weg".
Gemeint ist hier die bewusste Gestaltung unseres Lebenswegs.
Entstanden ist der Taoismus vor über 5000 Jahren in China. Grundlage ist die Beobachtung der Natur mit ihren vielfältigen Veränderungen und Äußerungen des Lebens.

Vor Beginn des Lebens auf der Erde herrschte ein fast perfekter Ruhezustand. Alles schwebte in einem endlosen Nichts. Keine Bewegung war zu sehen. Durch eine Aktion auf einem entfernten Stern, vermutlich eine Supernova, kam es zur Entstehung der Erde, die sich in Milliarden Jahren langsam aus Sternenstaub bildete. Der Beginn des neuen Lebens war da. Der Sprung aus dem Nichts bedeutete das Entstehen von zwei entgegengesetzten Phänomenen – Yin und Yang.

Der Taoismus beschäftigt sich mit der Beziehung des Menschen zu diesen Urkräften. Durch genaues Beobachten kann man die Bewegungen dieser Kräfte erkennen und die ihnen innewohnende Harmonie. In der Natur ist alles unmittelbar und immer im absoluten Jetzt. Alles geschieht permanent in einem Augenblick nach dem anderen. Unsere Zellen erneuern sich in jeder Millisekunde und erhalten unseren Körper auf eine Weise gesund, die an Wunder erinnert. Wir sollten uns diesen vielen Wundern wieder anschließen und unseren Lebensweg wieder der Realität annähern.

In China wurden die Taoisten in bestimmten Tempeln ausgebildet. Der bekannteste liegt auf dem berühmten heiligen Berg Taishan. Meistens wurden schon Kinder zur Ausbildung in die Tempel geschickt, die von hoch angesehenen Meistern und ihren fortgeschrittenen Schülern erteilt wurde. Sie umfasste Dichtung, Malerei, Heilkunde mit dem Wissen über Heilpflanzen, Massage, Akupunktur, Musik, wobei eines oder mehrere Instrumente erlernt wurden, Kampfkunst, Meditation sowie das Studium des taoistischen Wissens. Die esoterischen Praktiken zur Erlangung eines langen, gesunden Lebens spielten in der taoistischen Lehre schon immer eine zentrale Rolle. Ursprünglich suchte man durch diese Techniken Unsterblichkeit zu erlangen. Als man die Unmöglichkeit dieses Vorhabens erkannte, beschränkte man sich darauf, lange gesund zu leben mit dem Ziel, in die Gesetze der Natur einzutauchen und mit ihnen zu verschmelzen.

Die meisten Schüler verließen nach der langjährigen Ausbildung die Tempel, um in der Gesellschaft als hochgeschätzte Gelehrte zu arbeiten. Viele von ihnen wurden als kaiserliche Beamte angestellt. Wer im Tempel bleiben wollte, musste ein Gelübde ablegen und auf Fleisch, Alkohol und Sex verzichten. Diese Adepten studierten unablässig weiter, wurden in die höchsten esoterischen Meditations- und Körperpraktiken eingeführt und wurden später selbst zu Lehrern. In jenem taoistischen Tempel, den ich in der Volksrepublik besucht habe, dem Zhongyuemiaotempel nahe der Stadt Dengfeng, leben auch heute noch Taoisten in dieser Tradition.

Die meisten unserer Verhaltensmuster entstehen in unserer frühen Kindheit, welche von Erfahrungen geprägt wird, die unser späteres Leben bestimmen. Unser Gehirn speichert diese Erfahrungen, die nötig sind, um uns einigermaßen sicher durch die Gefahren des Lebens zu steuern. Beim Kleinkind werden diese notwendigen Erfahrungen oftmals in Begleitung negativer emotionaler Erlebnisse gespeichert.

Taoist und Astrologe

Tor zu einem Tempel

Ein Beispiel: Das Kind hat irgendein Bedürfnis und schreit, die Mutter ist genervt und will es beruhigen. Zornig und ungeduldig schimpft sie mit dem Kind. Schließlich gibt sie ihm etwas Süßes zu essen und das Kind hört auf zu weinen. Es hat gelernt, seine wahren Bedürfnisse zu unterdrücken, und wird belohnt, wenn es das tut. Belohnung durch Süßes wird auch im späteren Leben eine wichtige Funktion für die betroffene Person haben. Sie wird sich möglicherweise immer dann „belohnen", wenn sie ihre wahren Bedürfnisse nicht befriedigen kann.

Auf diese Weise erwerben wir einen großen Erfahrungsschatz, der mit negativer Emotion gekoppelt ist und unser späteres Leben bestimmt. Die gespeicherten Erfahrungen werden wie ein Reflex immer wieder in ähnlichen Situationen wie den in der Kindheit erlebten wirksam und bestimmen unsere Handlungen. Diese Unfreiheit sorgt für sehr viel Leid. Emotionale und körperliche Gesundheit ist weit entfernt von dieser Art zu leben.

Darum ist der Taoismus und seine Art der Lebensgestaltung für uns alle so bereichernd. Sie benötigen keine schwierigen Übungen und keine komplizierte Philosophie, um sich aus diesem Gefängnis zu befreien. Das ganze Geheimnis liegt in der Beobachtung des Lebens. Wir können unser Leben ganz leicht und frei gestalten, wenn wir es dem Natürlichen annähern. Beobachten Sie doch einfach die Natur. Alles geschieht ohne Krampf, ganz einfach und spontan. Hören Sie den herrlichen Gesang der Vögel, beobachten Sie den unglaublichen Wandel und die Vielfalt in der Pflanzen- und Tierwelt, und Sie ahnen, worum es geht.

Die absolute Gegenwart alles Lebendigen ist der Schlüssel zu einem erfüllten Leben. Lernen Sie, immer in der Gegenwart, im Jetzt zu leben. Lassen Sie alle Gedanken an gestern und morgen sein, Sie können weder die Vergangenheit noch die Zukunft verändern, Sie können nur in der Gegenwart wirken. Diese Aufgabe, die ich Ihnen stelle, muss mit etwas Mühe erarbeitet werden, sie ist aber die lohnendste Mühe, die Sie auf sich nehmen können.

Übung

Stellen Sie sich eine große Mülltonne vor und werfen Sie alle Gedanken an die Vergangenheit hinein. Die Gedanken können in jeder Sekunde oder Minute wieder auftauchen, werfen Sie sie alle in die Tonne, Deckel zu und ab zur Müllabfuhr. Schon nach wenigen Tagen werden die Gedanken weniger und Sie werden bemerken, wie eine schöne, harmonische Ruhe in Ihren Geist einzieht.

Ist die Vergangenheit „entsorgt", geht es mit frischer Energie an die Zukunft. Die meisten Ängste und Nöte, die die Menschen erleiden, kommen aus der Angst um die Zukunft. Reicht meine Rente aus? Komme ich in ein Pflegeheim? Und, und, und. Eine endlose Kette unnötiger Gedanken. In meiner Praxis behandle ich täglich Menschen, die Existenzängste erleiden, wie zum Beispiel einen Patienten mit einem Gehalt von 125000 Euro pro Jahr, der Angst um seine Rente hat.

Werfen Sie alle unnötigen Gedanken an die Zukunft ebenfalls in die Mülltonne oder, wie es eine Patientin erfolgreich praktiziert hat, schießen Sie diesen Ballast mit einer Rakete ins Weltall.

Arbeiten Sie mit viel Fleiß und Ausdauer an dieser „Reinigung", Sie werden es nicht bereuen.

Dies und nur dies ist der Inhalt von Taoismus und Zen.

In einem taoistischen Tempel in China fand ich bei einem Besuch ein Tor, durch das man gehen soll, um sich von allem Schlechten zu reinigen. Der Legende nach sitzen in diesem Tor drei bösartige Insekten, von denen man sich befreien soll. Das erste Insekt führt zu einem schwachen, faulen Körper. Das zweite Insekt schwächt unser Herz mit negativen Gefühlen und das dritte erzeugt negative Gedanken. Gern passierte ich dieses Tor und ich gehe jeden Tag erneut gern hindurch.

Befreien Sie sich von allen schlechten Einflüssen durch die Arbeit mit den 5 Elementen. Körperliche Übungen, gesunde Ernährung und der richtige Umgang mit Gedanken führen zu einem freien, unbeschwerten Leben.

Taoistischer Tempel

Yin-Yang-Symbol

Einführung
in die 5 Elemente

Yin und Yang und die 5 Elemente

Wuxing oder die 5 Elemente entstammen der alten chinesischen Lehre des Taoismus. Durch Beobachtung der Natur analysierten Weise ihre Wirkungen und entdeckten bestimmte Gleichmäßigkeiten. Sie fanden zwei Urkräfte, die alles Lebendige bewirken. Diese beiden Urkräfte nannten sie Yin und Yang. Sie bezeichnen Materie und Energie, aus dem Wechselspiel dieser beiden entstehen lebendige Welten und alle beobachtbaren Veränderungen. Sie bilden immer ein Paar und bedingen sich gegenseitig. So bestimmt die Sonne als Urkraft Yang unser Leben auf der Erde, die in diesem Fall Yin oder Materie darstellt. Tag und Nacht, Sommer und Winter, Mann und Frau sind weitere Paare, wobei diese keine fixen Manifestationen von Yin und Yang sind, sondern zwei sich ergänzende Aspekte eines Ganzen. Stellen Sie sich einen großen pulsierenden Ball vor. Die Bewegung nach innen stünde in diesem Fall für Yin, jene nach außen für Yang.

Yin und Yang sind sehr gut geeignet, die Urkräfte darzustellen, bei der feineren Beschreibung natürlicher Vorgänge versagen sie jedoch. Beobachtet man zum Beispiel den Jahresverlauf vom Sommer zum Winter, so stellt man fest, dass es dazwischen eine Zeit gibt, die von beiden etwas hat. Der Herbst hat sowohl noch etwas von der Wärme des Sommers als auch schon erste Zeichen des Winters an sich. Um diese Nuancen besser beschreiben zu können, hat man im Lauf der Zeit die 5 Elemente diesem System hinzugefügt. Mit ihrer Hilfe kann man sehr anschaulich Vorgänge in der Natur beschreiben und so auch besser verstehen.

Beispiele für die Urkräfte Yin und Yang

Yin	Yang
Mond	Sonne
Erde	Himmel
Nacht	Tag
Winter	Sommer
Frau	Mann
Materie	Energie
Nach innen	Nach außen
Nach unten	Nach oben
Ruhe	Aktion
Introvertiert	Extrovertiert
Aufbau	Abbau
Friedlich	Aggressiv
Speicherung	Verbrauch
Gerade	Ungerade

Die 5 Elemente entstammen natürlichen Quellen, bezeichnen aber die Energie, die diese Materialien nach chinesischer Philosophie charakterisiert. Die etwas andere Anschauung der Energie dieser ursprünglich natürlichen Materialien ist eine Eigenheit der chinesischen Philosophie und für das Verständnis der 5 Elemente unabdingbar. Die Unterschiede zu unserem Verständnis entstammen der Bildsprache der Chinesen, die mehr Interpretationen zulässt. Es ist dies eine Betrachtungsweise, die sehr bereichernd für uns ist und eigentlich überhaupt nicht fremd, da ein ähnliches System auch in Europa lange Zeit existiert hat.
Ein Beispiel: Unter dem Element Holz stellen wir Europäer uns eher etwas Festes, Stabiles wie zum Beispiel einen Stuhl oder auch einen großen Baum vor. In China assoziiert man damit Spannkraft wie bei einem Bambus oder auch einen Energiespeicher. Für die Anwendung der 5-Elemente-Lehre ist es notwendig, dass Sie sich mit diesen Vorstellungen vertraut machen.

Das Qi

Qi bedeutet Atem, Luft, Energie. Welche geheimnisvolle Kraft hält Sie am Leben, steuert Ihren Körper auf wundersame Weise und ermöglicht Ihnen zu denken? Das Wissen von der Lebensenergie Qi ist uralt und führte zu der Erkenntnis, dass alles Lebendige von einer Kraft, dem Qi, gesteuert und seiner Bestimmung zugeführt wird. Das Qi des Menschen kann man sich als Strom vorstellen, der alle Zellen verbindet und in Bruchteilen von Sekunden Informationen übermittelt. Die Idee, dass die elektrische Reizübertragung von Zelle zu Zelle dem Qi-Fluss entspricht, beinhaltet bestimmt einen großen Teil des bis heute noch nicht eindeutig geklärten Sachverhalts. Ein großer Teil des Informationsflusses läuft für uns unbemerkt ab und steuert unsere vitalen Lebensvorgänge wie Atmung, Stoffwechsel und vieles andere mehr. Der andere, kleinere Teil kann von uns willentlich beeinflusst werden. Dazu gehören bewusste Überlegungen und Handlungen.
Die Leitungen, durch die dieser Strom fließt, nennt man in der chinesischen Kultur Meridiane. Diese verlaufen symmetrisch im Körper. Es gibt 12 reguläre Meridiane, die sich in je 6 Yin- und Yang-Meridiane aufteilen, und zusätzlich 8 Sondermeridiane, die das Yin und Yang des ganzen Körpers regulieren. Die Yin-Meridiane laufen auf der Innenseite des Körpers und die Yang-Meridiane auf der Außenseite. Sie lenken den Fluss des Qi durch den ganzen Körper und sind für dessen richtige Funktion verantwortlich. Die Sondermeridiane steuern und koordinieren besonders wichtige Funktionen wie zum Beispiel das Yin und Yang des ganzen Körpers, die Fortpflanzung, den Energiehaushalt und viele weitere mehr. Durch bestimmte Punkte auf diesen Bahnen, die Akupunkturpunkte, kann man diesen Strom einschalten und auch regulieren. Bei korrekter Akupunktur spürt der Patient einen Stromschlag oder ein Strömen der Energie entlang dieser Bahnen.

Die 12 Akupunkturmeridiane und ihr Verlauf im Körper

Für die in diesem Buch beschriebenen Anwendungen genügen ungefähre Kenntnisse der Meridiane und ihrer Verläufe im Körper. Genaueres Wissen vermitteln Fachbücher über Akupunktur. Die Energiebahnen, die durch den Körper verlaufen, sind:

Der Lungenmeridian
Er beginnt unterhalb des Schlüsselbeins, läuft an der Innenseite des Armes hinunter und endet am Daumen.

Der Dickdarmmeridian
Er beginnt am Zeigefinger, läuft an der Außenseite des Armes nach oben über den Hals und endet an der Nase.

Der Magenmeridian
Er beginnt unterhalb des Auges, läuft dann zum Kopf und auf der Körperinnenseite abwärts zum zweiten Zeh.

Der Milz-Pankreas-Meridian
Er beginnt am Großzeh, läuft an der Innenseite des Beins nach oben und endet unterhalb der Achselhöhle.

Der Herzmeridian
Er beginnt in der Achselhöhle, läuft an der Innenseite des Armes hinunter und endet am kleinen Finger.

Der Dünndarmmeridian
Er beginnt am kleinen Finger, läuft über die Außenseite des Armes nach oben über das Schulterblatt und endet am Ohr.

Der Blasenmeridian
Er beginnt am inneren Augenwinkel, läuft über den Kopf, dann auf der Rückseite des Körpers nach unten und endet an der kleinen Zehe.

Der Nierenmeridian
Er beginnt auf der Fußsohle, läuft an der Innenseite des Beins nach oben und endet am inneren Ende des Schlüsselbeins.

Der Perikardmeridian
Er beginnt seitlich neben der Brustwarze, läuft dann an der Innenseite des Arms hinunter und endet am Mittelfinger.

Der 3-fache-Erwärmer-Meridian
Er beginnt am Ringfinger und läuft dann an der Außenseite des Armes nach oben bis zum äußeren Ende der Augenbraue.

Der Gallenmeridian
Er beginnt neben dem äußeren Augenwinkel, läuft über den Kopf, dann über die Schulter an der Körperseite hinunter und endet am vierten Zeh.

Der Lebermeridian
Er beginnt am Großzeh, läuft an der Innenseite des Beins nach oben, dann über den Bauch und endet am Rippenbogen.

Diese 12 Meridiane sind symmetrisch links und rechts im Körper vorhanden.

Die Sondermeridiane

Das Gouverneursgefäß
Es beginnt am Steißbein und läuft über die Wirbelsäule und den Kopf zur Oberlippe.

Das Konzeptionsgefäß
Es beginnt unterhalb des Schambeins und läuft über die Mittellinie des Bauchs zur Unterlippe.

Kung-Fu-Wandmalerei

Die Organuhr

Das Qi oder die Körperenergie zirkuliert in den 12 Meridianen nicht chaotisch oder zufällig, sondern folgt genauen zeitlichen Rhythmen. Es bewegt sich in jedem Meridian innerhalb von 2 Stunden vom Anfangs- zum Endpunkt und springt dann zum nächsten Meridian über. Dieser festgestellte zeitliche Ablauf ist sehr nützlich und kann zur Diagnose von Krankheiten oder auch zur Therapie mit den 5 Elementen eingesetzt werden.
Ein Beispiel: Erwachen Sie jede Nacht zwischen 1 und 3 Uhr, sollten Sie sich um Ihre Leber kümmern.

Jeweils in der Mitte des 2-Stunden-Zyklus liegt die Zeit der wirksamsten Beeinflussung. Sie können sowohl auf die Elemente als auch auf die Organe Einfluss nehmen.
Ein Beispiel: Möchten Sie Ihr Organ Herz bzw. das Element Feuer fördern, so können Sie dafür die Zeit zwischen 11 und 13 Uhr nützen, den besten Erfolg erzielen Sie um 12 Uhr.

In der 5-Elemente-Lehre nimmt man, sowohl um Funktionen zu erklären als auch um Fehlsteuerungen besser zu beschreiben, Bezug auf das Qi. Das Herz-Qi ist zu schwach, bedeutet zum Beispiel, dass die Herzfunktion insgesamt nicht in Ordnung ist und das Herz unter einer krankhaften Entgleisung leidet.
Die unterschiedlichsten Faktoren beeinflussen den Fluss des Qi im Körper negativ oder positiv:

- Klimafaktoren wie Hitze, Kälte, Nässe, Trockenheit, Wind
- Emotionen wie Zorn, Freude, Trauer, Angst, Sorgen
- Nahrungsmittel wie Rohkost, Fleisch bzw. Geschmacksrichtungen
- Heilpflanzen
- Bewegung wie Sport, Kampfkunst, Qigong
- Bewegungsmangel
- der Wohnraum
- Umweltbedingungen wie Lärm, schlechte Luft, elektromagnetische Wellen

Positive Einflüsse wie zum Beispiel Qigong, gesunde Ernährung oder ein harmonisch gestalteter Wohnraum verbessern den Fluss des Qi, während negative Faktoren wie Bewegungsmangel, lange anhaltende negative Emotionen oder schlechte Ernährung den Qi-Fluss verlangsamen und auch austrocknen können. So entstehen Krankheitssymptome und in weiterer Folge ernsthafte gesundheitliche Störungen.
Die 5-Elemente-Lehre und ihre einzelnen Anwendungen wie Ernährung, Bewegung, Pflanzenheilkunde und Feng-Shui fördern den Qi-Fluss und führen so zu mehr Lebensenergie und damit zu einer besseren Gesundheit und Fitness bis ins höchste Alter.

Der zeitliche Ablauf

23–1 Uhr	Galle	Element Holz*
1–3 Uhr	Leber	Element Holz
3–5 Uhr	Lunge	Element Metall
5–7 Uhr	Dickdarm	Element Metall
7–9 Uhr	Magen	Element Erde
9–11 Uhr	Milz/Pankreas	Element Erde
11–13 Uhr	Herz	Element Feuer
13–15 Uhr	Dünndarm	Element Feuer
15–17 Uhr	Blase	Element Wasser
17–19 Uhr	Niere	Element Wasser
19–21 Uhr	Perikard	Element Feuer
21–23 Uhr	3-facher Erwärmer	Element Feuer

*Vorstellung der Elemente: siehe Seite 25 ff.

Die 5 Elemente und ihre Eigenschaften

Lernen Sie nun die einzelnen Elemente und die ihnen eigene Energie und Charakteristik kennen:

Das Element Holz

steht für Spannkraft, Kreativität, Frühjahr, Wachstum, Reichtum, Jugend.
Beispiele: der biegsame Bambus, der große Spannung aushält und doch nicht zerbricht; das Wachstum der Jugend, ihre Spannkraft und Anpassungsfähigkeit; Kreativität als ewiger Bauplan allen Lebens.

Das Element Feuer

steht für Aktion, Vollendung, Bewusstsein, Sommer, Reifezeit, Erwachsensein.
Beispiele: brennendes Feuer als höchste Aktion; reife Früchte als Vollendung, der Sommer in seiner höchsten Entwicklung; das Leben des Menschen in seiner Blütezeit.

Das Element Erde

steht für Umwandlung, Gesetztheit, Spätsommer, die mittleren Jahre.
Beispiele: die Mutter Erde, die alles aufnimmt und umwandelt; der Spätsommer, in dem die Natur langsam zur Ruhe findet; unsere mittleren Lebensjahre, in denen das Leben in einem ruhigeren Rhythmus verläuft.

Das Element Metall

steht für Zersetzung, Ordnung, Herbst, Rentenalter.
Beispiele: das Laub, das im Herbst zu Boden fällt und sich langsam zersetzt; die Ordnung, die alle Elemente wieder zum Urbeginn zurückführt; unsere Rente, in der das Leben langsamer wird und sich langsam dem Ende und Neuanfang nähert; der Samen, der zu Boden fällt und sich langsam auf den Neubeginn vorbereitet.

Das Element Wasser

steht für Ruhe, Neubeginn, Winter und Tod.
Beispiele: der Samen, der in der Erde ruht und auf seine Keimung wartet; die Nachtruhe, in der der Mensch neue Energie tankt; der Winter als Zeit der Erholung und des Neubeginns.

Die 5 Elemente und ihre Beziehungen zu einigen wichtigen Aspekten des Lebens

Element	Holz	Feuer	Erde	Metall	Wasser
Jahreszeit	Frühjahr	Sommer	Spätsommer	Herbst	Winter
Richtung	Osten	Süden	Mitte	Westen	Norden
Organe	Leber/Galle	Herz/Dünndarm, Perikard, 3-facher Erwärmer	Magen/Milz/Pankreas	Lunge/Dickdarm	Niere/Blase
Sinnesorgane	Augen	Zunge	Mund	Nase	Ohren
Körper	Nägel	Gesicht	Lippen	Kopfhaar/Menge	Kopfhaar/Farbe
Geschmack	Sauer	Bitter	Süß	Scharf	Salzig
Emotion	Zorn	Freude	Grübeln	Kummer	Angst
Denken	Kreativität	Entschluss	Überlegen	Ordnen	Durchsetzen
Natur	Pflanze	Tier	Erde	Stein	Wasser
Alter	Kindheit	Erwachsensein	Reife	Alter	Tod/Geburt
Zeit	23–3 Uhr	11–15 Uhr 19–23 Uhr	7–11 Uhr	3–7 Uhr	15–19 Uhr

Die Beziehungen der Elemente

Alle Vorgänge in der Natur sind eng vernetzt und funktionieren in Abhängigkeit voneinander.
Die alten taoistischen Weisen betrachteten unsere Erde als Organismus mit denselben Funktionen wie bei einem Menschen oder einem anderen Lebewesen. Diese Vorstellung finden wir übrigens auch bei den Indianern Nord- und Südamerikas, die die Erde als Mutter verehren. Alle Bewegungen des Lebens finden sich in allen Dingen der Erde in der gleichen Gesetzmäßigkeit, nur der Maßstab ist unterschiedlich. Alle diese

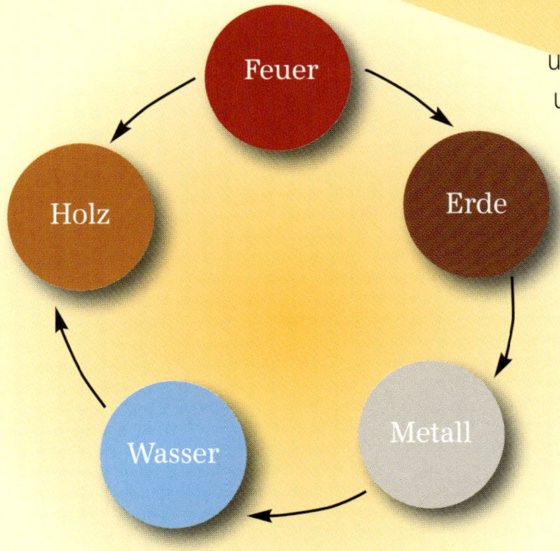

Kreis der Elemente

Vorgänge kann man mit den 5 Elementen anschaulich erklären. Diese holistische Betrachtungsweise hilft uns, unsere Stellung in der Welt zu finden und wieder mit ihr in Harmonie zu leben.

Die 5 Elemente stehen in einer bestimmten Beziehung zueinander: Sie bewirken, fördern und kontrollieren sich und können sich gegenseitig auch zerstören. Sie sollten versuchen, alle Elemente ausgeglichen zu leben, einige Anleitungen vermittelt dieses Buch.

Beispiel: Zu viel kreatives Schaffen, das man dem Element Holz zuordnet, kann zu viel Holz auf das Feuer legen. Die Folge kann Übererregbarkeit sein oder das Holz kann das Element Erde unterdrücken. Konsequenz kann zu wenig Überlegung sein.

Mutter-Kind-Harmonie

Jedes Element bewirkt das folgende Element, zum Beispiel bewirkt Feuer Erde, Wasser Holz. In der Natur kann man diese Übergänge sehr schön an den Jahreszeiten beobachten. Geht das Element Wasser, das dem Winter entspricht, zu Ende, folgt das Frühjahr, aus Wasser entsteht Holz. Diese Beziehung nennt man Mutter-Kind-Beziehung. Die Mutter Wasser stärkt ihr Kind Holz, Holz als Mutter stärkt dann das Kind Feuer usw. In der 5-Elemente-Lehre nützt man diese Erkenntnis, um Harmonie zu erzeugen. Diese Anwendung wirkt sehr viel spürbarer, als wenn man nur am Ort der gestörten Harmonie eingreift.
Ein Beispiel soll Ihnen die Zusammenhänge klarmachen: Die Funktion der Leber ist schwach, das Element Holz besitzt keine Spannkraft und benötigt Unterstützung. Nach westlicher, auch naturheilkundlicher Anschauung wird nun das kranke, schwache Organ „behandelt". Das schon geschwächte Organ soll sich nun aus eigener Kraft wieder heilen. Dies gelingt häufig nicht und die Symptomatik bleibt bestehen. In der chinesischen Medizin behandelt man dagegen die Mutter des geschwächten Organs und erreicht so eine bessere Wirkung. In unserem Beispiel würde man die Niere, das Element Wasser, stärken und so eine Kräftigung der Leber, die dem Element Holz entspricht, erreichen. Sie können die Mutter jedes Elements selbst leicht erkennen: Sie ist jeweils das Element, das sich auf dem Elementekreis gegen den Uhrzeigersinn vor dem ausgewählten befindet.

Mutter

Wasser ist die Mutter von Holz, Holz ist die Mutter von Feuer, Feuer ist die Mutter von Erde, Erde ist die Mutter von Metall, Metall ist die Mutter von Wasser (siehe Grafik „Kreis der Elemente").

Kind

Holz ist das Kind von Wasser, Feuer ist das Kind von Holz, Erde ist das Kind von Feuer, Metall ist das Kind von Erde, Wasser ist das Kind von Metall (siehe Grafik „Kreis der Elemente").

Wie Sie sehen, hat jedes Element zwei Funktionen zu übernehmen, einmal ist es Mutter, einmal Kind. Dieses Modell entspricht in der Natur den tatsächlichen, eng vernetzten Zusammenhängen, die letztendlich alles Lebendige steuern und den weitläufigen Konsequenzen von Störungen durch den Menschen zugrunde liegen.

Die erste Anwendung dieses Modells ist die Mutter-Kind-Regel: Die Mutter stärken und auch das Kind wird stark.
Beispiel: Suchen Sie nach neuer Kreativität? Diese wird dem Element Holz zugeordnet. Die Mutter von Holz ist Wasser. Sie stärken das Element Wasser und erreichen eine neue Stärkung und Anregung des Elements Holz, womit die Kreativität steigt.

Die zweite wichtige Anwendung dieser Regel ist, das Kind zu stärken, um damit überschüssige Energie von der Mutter abzuziehen: Das Kind stärken, um die Mutter zu schwächen.
Beispiel: Fühlen Sie sich angespannt und gereizt? Könnten Sie permanent aus der Haut fahren? Diesen Zustand rechnet man überschüssiger Leberenergie, also dem Holz zu. Um diesen Überschuss an Holzenergie abzubauen, wird das Kind von Holz gestärkt. Dies ist das Feuer und das Organ Herz. Eine wirksame Therapie ist in diesem Fall, geplante Aktivitäten auch umzusetzen und dadurch die angesammelte Energie abzubauen. Man verbrennt sein Holz im Feuer und baut dadurch den Überschuss ab.
Ein weiteres Beispiel soll die Zusammenhänge noch besser klären: Leiden Sie unter Kurzatmigkeit und Herzklopfen? Können Sie schlecht schlafen? Dies kann einen Überschuss am Feuer der Herzenergie bedeuten. Das Kind des Feuers ist die Erde, also wird man in diesem Fall die Erdenergie stärken, um das überschüssige Feuer abzubauen. Eine mögliche Therapie besteht in vermehrter körperlicher Aktivität, die immer die Energie der Erde stärkt und somit das Herzfeuer abbaut.

Kontrolle der Harmonie

Bei der Mutter-Kind-Regel wird immer das folgende Element stärker. Da sich die Elemente aber in einem fortwährenden Kreislauf bewegen, bestünde theoretisch die Gefahr, dass sich die Elemente endlos stärken. Dies würde unkontrolliertes Wachstum bedeuten, das immer auf Kosten eines anderen Elements ginge. Ein Beispiel soll Ihnen die Zusammenhänge deutlich machen: Eine Pflanze, die dem Element Holz zugeordnet ist, benötigt zum Wachsen Wasser. Dieses Wasser liefert die Mutter. Kann die Pflanze nun endlos wachsen und gedeihen, wird sie überdimensional groß.

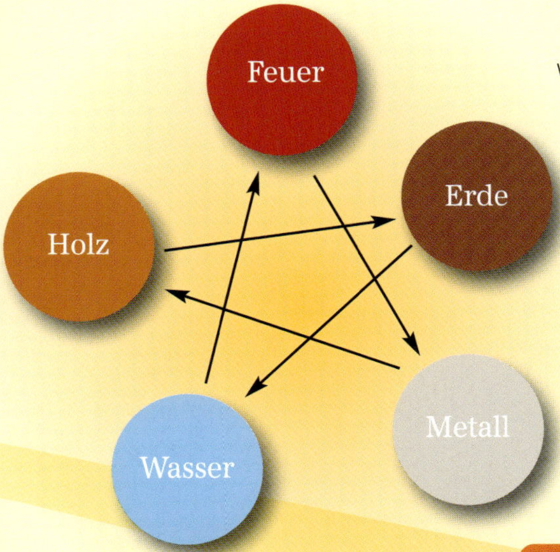

Kontrolle der Harmonie

In der Natur sind alle Lebensvorgänge in sich begrenzt. Die Entwicklung des Lebens durch die Evolution hat jedem lebendigen Vorgang Grenzen gesetzt. Jedes Lebewesen hat in sich eine programmierte Lebensentwicklung, die Wachstumsgröße, Lebensdauer und Ablauf steuert. Ein Baum kann nicht über seine vorgesehene Größe hinauswachsen. Auch wir Menschen haben eine bestimmte Lebenserwartung und Größe. Nur durch diese Beschränkungen ist eine so vielseitige und faszinierende Natur auf der Erde möglich. Diese Kontrolle in der Natur haben die Weisen in China erkannt und auf das 5-Elemente-Modell übertragen. Man nennt diese Funktion der Einschränkung Kontrolle. Jedes Element hat die Aufgabe, ein anderes Element zu kontrollieren und so das zu mächtige Anwachsen eines einzelnen Elements zu verhindern. Das kontrollierende Element wird aber wiederum von einem anderen Element kontrolliert.

Ein Beispiel zur Erläuterung dieser wichtigen Funktion: In der Natur entstanden schon immer durch Gewitter Waldbrände, die für neues Leben und neuen Lebensraum sehr wichtig sind. Durch die aufsteigende Hitze entwickelten sich schließlich Regenfälle, die die Feuer wieder löschten. Das Element Wasser kontrolliert hier das Feuer. Ein weiteres Beispiel: Pflanzenwachstum hält die Erde am Boden fest und verhindert so die Erosion. Das Element Holz kontrolliert hier die Erde. Stört man diesen natürlichen Mechanismus, so entsteht Chaos wie zum Beispiel bei der Abrodung von Regenwäldern.

Elemente Holz und Feuer

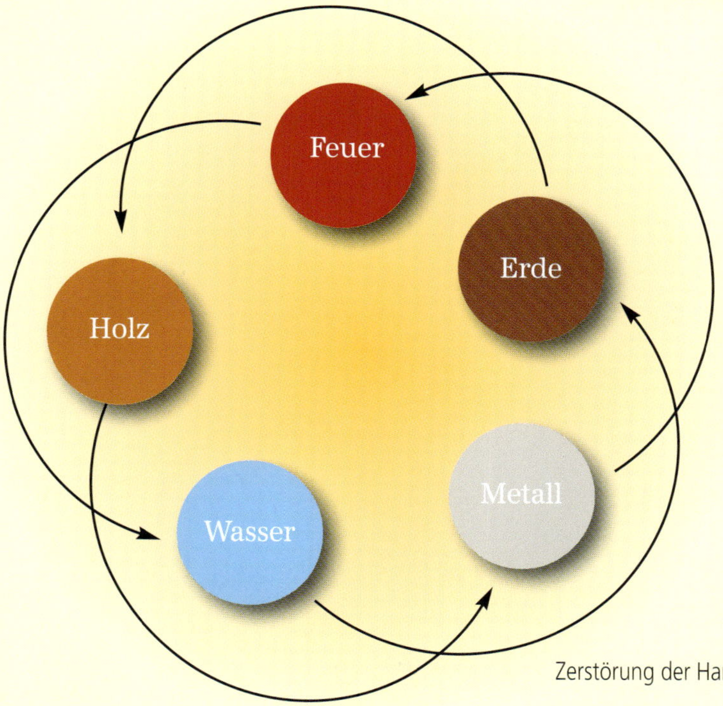

Zerstörung der Harmonie

Das richtige Maß und die Harmonie zwischen allen Elementen ist der wichtigste lebenserhaltende energetische Aspekt allen Lebens auf unserer Erde und im gesamten Kosmos.

Aus der natürlichen Kontrolle aller Lebensprozesse entsteht neues Leben, jede Sekunde, jede Minute, jeden Tag. Wer in Übereinstimmung mit den 5 Elementen lebt, führt ein Leben in Harmonie mit den natürlichen Vorgängen. Die Beziehungen der Elemente kann man sehr vielseitig für alle möglichen Bereiche nützen. So kann man seine Ernährung, seine körperliche Aktivität, die medizinische Therapie und vieles andere nach diesem Modell ausrichten.

Zerstörung der Harmonie

Jedes Element kann das Element, von dem es kontrolliert wird, auch überwinden und zerstören.

Beispiel: Erde zerstört Holz
In den nordamerikanischen Plains hat man das Büffelgras gerodet, um Mais anzubauen. Dieser hat die Erde ausgebeutet und war mit seinen im Vergleich zum Büffelgras wesentlich kürzeren Wurzeln nicht in der Lage, den Boden festzuhalten. Das Ergebnis waren zerstörte Böden und verheerende Sandstürme, die die Farmer bis heute zum Aufgeben ihrer Farmen zwingen. Das Beispiel zeigt, wie das Holz, das die Aufgabe hat, die Erde zu kontrollieren, bei Störungen des Gleichgewichts von dieser auch zerstört werden kann. Führt man durch mutwilligen Eingriff in die Natur ein Ungleichgewicht der Elemente herbei, sind ökologische Katastrophen die Folge. An den unregelmäßigen, klimatisch unklaren Jahreszeiten kann man den Grad der erreichten Zerstörung sehr gut erkennen.

Beispiel: Erde zerstört Holz
Dem Element Erde rechnet man das Grübeln und Überlegen sowie das Meditieren zu. Sind diese Einflüsse zu stark, meditiert oder grübelt man zu viel, wird das Element Holz, dem die Kreativität zugehört, zerstört. Also frisch voran, nach kurzer, guter Überlegung die Pläne verwirklichen!

Bei der Anwendung der 5 Elemente verzichtet man in der Regel auf die Möglichkeit der Zerstörung. Man verwendet nur die Mutter-Kind-Anwendungen.

Welcher Elementtyp bin ich?

Als Nächstes lernen Sie nun Ihren Elementtyp kennen. Dem Kapitel über Feng-Shui können Sie die Elemente, die Ihrem Geburtstermin zugeordnet sind, entnehmen.
Ihr persönliches Element, das viele Ihrer Eigenschaften festlegt, wird aber auch von den wechselnden Bedingungen Ihres Lebens beeinflusst, die Ihren Gefühls- und Körperzustand bestimmen können. Beispiel: Sie werden im Beruf oder im Privatleben sehr stark beansprucht und können sich nicht richtig gegen Unterdrückung wehren. Dies verursacht einen Spannungsanstieg in der Leber, welcher zu Aggressionen gegen andere oder auch sogar gegen die eigene Person führen kann. Die Elemente und ihre Energie sind ständig in Bewegung, weshalb man neben dem Geburtselement, wenn möglich, immer auch den aktuellen Zustand in den folgenden Beschreibungen suchen soll.

Der Holztyp oder -zustand

Er ist sehr kreativ, steht immer unter Strom. Die mitunter etwas wirre Kreativität lässt ihn viele Dinge anfangen. Er lässt sich schnell für Neues begeistern, verliert aber auch schnell wieder die Lust daran. Er wählt gern erzieherische Berufe wie Lehrer, Kindergärtner oder engagiert sich sozial wie in der Pflege und Behandlung kranker Menschen. Auch fühlt er sich zu allen planerischen Tätigkeiten wie Architektur, Gartengestaltung oder sportlichen Berufen hingezogen. Oft leidet er unter seiner Unruhe, schläft schlecht und kann dann auch aggressive Züge entwickeln. Er isst gern Deftiges, liebt Alkohol und Geselligkeit. Ohne dauernde Bewegung wird er sehr schnell missmutig, seine körperliche Anspannung führt dazu, dass er gern legere, weite Kleidung trägt.

Der Feuertyp oder -zustand

Ein lustiger Geselle, der die Gesellschaft immer mit den neuesten Witzen unterhält. Immer am Puls der Zeit, ist er hektisch und hat Angst, etwas zu verpassen. Er liebt das Tempo, die Gefahr. Durch seinen oft übertriebenen Aktionismus verbreitet er Unruhe. Die Berufe, die er gern wählt, haben mit Tierzucht zu tun und allem, was mit Feuer in Verbindung steht, wie zum Beispiel die Verarbeitung von Metallen oder chemische Prozesse.
Er liebt das Essen, vor allem Fleisch, sowie Reisen und ist immer auf der Suche nach dem neuesten „Kick". Seine ständige Aufgedrehtheit kann seinen Mitmenschen schwer auf die Nerven gehen. Adrenalinjunkies gehören zu diesem Typ. Häufig leidet er selbst unter seiner hektischen Art und findet kaum Ruhe. Herzjagen, Schlaflosigkeit, Stressempfinden und Kurzatmigkeit gehören zu den häufigsten Problemen.

Der Erdtyp oder -zustand

Beschaulich und erdverbunden, liebt er Ruhe und Bequemlichkeit. Lieber erst mal abwarten, wie sich die Dinge entwickeln, und dann vielleicht etwas unternehmen. Der etwas schwerfällige Erdtyp braucht oft einen Ansporn, um etwas zu unternehmen. Die Gemütlichkeit des eigenen Heims, die Regelmäßigkeit seines Tagesablaufs sind ihm am wichtigsten. Spontane Veränderungen oder Ereignisse sind ihm nicht ganz geheuer.
Er liebt die Arbeit auf dem Land oder bei Lagertätigkeiten, auch die Herstellung und der Vertrieb von Baustoffen liegen ihm sehr. Durch seine ruhige Art ist er ein zuverlässiger Partner, aber er braucht ab und zu einen Anstoß. Aufgrund seiner oft mangelnden Aktivität neigt er zu Übergewicht und Verstopfung sowie zu Wassereinlagerungen und Gelenkbeschwerden.

Der Metalltyp oder -zustand

Ordnung hat einen Namen. Sie zählt für ihn als Stütze und Basis seines Lebens zu den wichtigsten Dingen. Er sammelt, katalogisiert und bringt alles in seinem Leben in die für ihn logische Ordnung. Das lässt ihn oft etwas steif wirken und er hat auch große Schwierigkeiten, seiner Begeisterung freien Lauf zu lassen. Er benötigt dringend immer wieder etwas Auflockerung.
Seine Zuverlässigkeit und Genauigkeit machen ihn zu einem sehr guten Partner. Der Umgang mit Geld stellt sein bevorzugtes Tätigkeitsfeld dar: Er wird oft Buchhalter, Steuerberater oder arbeitet im Bankwesen.
Schnelle Entschlüsse oder spontane Unternehmungen kann man von ihm nicht erwarten. Im negativen Sinn kann seine Ordnungsliebe auch zur Unflexibilität ausarten. Diese Menschen neigen oft zu Asthma, Dickdarmbeschwerden wie Morbus Crohn (entzündliche Darmerkrankung) sowie zu Wasch- und Putzzwängen.

Der Wassertyp oder -zustand

Die Ruhe selbst, kann ihn wenig erschüttern. Er steht wie ein Fels in der Brandung und meistert alle Schwierigkeiten souverän. Äußerst konsequent und ausdauernd erarbeitet er sich seine Ziele, kein Hindernis kann ihn von einem gefassten Vorsatz abhalten. Nüchtern kalkuliert er sein Leben, wie ein Mathematiker rechnet er mit seinen Aktionen. Zu viel Durchsetzungsvermögen lässt ihn stur und unflexibel erscheinen. Seine körperlichen Probleme liegen im Bereich der Nieren, der Blase sowie auch der Wirbelsäule. Existenzängste oder Depressionen gehören häufig zum Erscheinungsbild des Wassertyps. Er liebt die fließenden Dinge und wählt gern einen Beruf in der Werbung, im Warenhandel, bei der Post oder auch in der Musikbranche.

Haben Sie sich erkannt? Neben den reinen Elementtypen gibt es auch Mischformen, die Eigenheiten von mehreren oder allen Elementen aufweisen. Tritt ein Elementtyp oder -zustand bei Ihnen verstärkt auf, sollten Sie zur Tat schreiten und eine entsprechende Therapie anwenden.

Im Folgenden erfahren Sie, wie Sie solchen Ungleichgewichten entgegenwirken können. Bei körperlichen oder psychischen Problemen von Krankheitswert wenden Sie sich bitte an einen Arzt. Die Stärke der Elementelehre und ihrer Anwendungen besteht im frühzeitigen Erkennen einer Balancestörung und der vorbeugenden Behandlung.

Balance der Elemente

Die 5 Elemente und ihre energetischen Schwächen

Bei den Störungen der Elemente werden nur jene genannt, die auch für eine unkomplizierte Selbstbehandlung infrage kommen.

Holzzustand: Leber- und Gallenenergie

Leber-Gallen-Energie geschwächt

Möchten Sie kreativer werden? Fühlen Sie sich häufig und vor allem im Frühjahr müde und abgespannt? Dann ist die Leberenergie schwach.
Die Kreativität und die eigentliche Energie Ihres Körpers gehören zum Element Holz, also sollten Sie in diesem Fall Ihr Element Holz stärken. Entsprechend der Mutter-Kind-Regel stärken Sie die Mutter von Holz, das Wasser, und erzielen somit eine Stärkung der Holzeigenschaft Kreativität sowie eine Steigerung von Energie und Spannkraft.

Leber-Gallen-Energie steigt auf

Sind Sie dauerhaft angespannt und gereizt, fahren Sie gern aus der Haut? Sie können wenig Fettes essen oder vertragen keinen Alkohol?
Ihre Leber ist gestaut und hat zu viel Energie angesammelt. Treten zusätzlich Schwindel und Spannungsgefühl auf, wird es Zeit für einen Besuch beim Arzt. Hier kommt nun die Mutter-Kind-Regel in Betracht, bei der wir das Kind stärken, um die Mutter abzuschwächen. In unserem Fall wird die Herzenergie, das Feuer, gestärkt.

Feuerzustand: Herz- und Dünndarmenergie

Herz-Dünndarm-Energie geschwächt

Fehlt Ihnen die Freude im Leben und frieren Sie leicht? In diesem Fall sollten Sie dem Element Holz, der Mutter des Feuers, das Ihre Leber verkörpert, auf die Sprünge helfen, denn mit der Stärkung der Mutter wird auch das Kind, das Herz, gekräftigt. Treten zusätzlich zu den genannten Beschwerden weitere wie Kurzatmigkeit, Schwitzen bei leichter Anstrengung oder blaue Lippen auf, sollten Sie vernünftig sein und einen Arzt aufsuchen.

Herz-Dünndarm-Energie im Feuer

Sie leiden unter Schlaflosigkeit, haben viele Träume, sind unruhig und nervös? Dieser Zustand kann durch die Stärkung des Kindes, in diesem Fall ist dies das Element Erde, verbessert werden.
Treten bei diesem Zustand körperliche Beschwerden wie Herzklopfen auf, sollte sofort ein Arzt aufgesucht werden. Die vorgestellten Tipps sind nur sinnvoll anzuwenden, wenn die Symptomatik auf die oben genannten Auffälligkeiten beschränkt bleibt.

Erdzustand: Magen-, Milz- und Pankreasenergie

Magen-Milz-Pankreas-Energie geschwächt

Träge und grüblerisch? Essen Sie zu viel? Diese Schwäche ist häufig Folge von Überernährung oder unregelmäßiger Nahrungsaufnahme. Nehmen Sie ab und sorgen Sie vor allen Dingen für eine regelmäßige, ausgewogene Ernährung. Die häufigen körperlichen Begleiterscheinungen, wie zum Beispiel Durchfall, Blutarmut, Wassereinlagerungen, sollten medizinisch abgeklärt werden. Die Mutter der Erde ist das Feuer, folglich stärken wir das Herz.

Überschuss der Magen-Milz-Pankreas-Energie

Magenbrennen und Völlegefühl treten oft als Folge von Hitze im Magen auf. Werden die Beschwerden nach dem Essen schlimmer, sollten Sie einen Arzt aufsuchen.
Führen Sie die überschüssige Energie durch Stärkung des Elements Metall, also der Lunge, ab.

Metallzustand: Lungen- und Dickdarmenergie

Lungen-Dickdarm-Energie geschwächt

Nimmt Ihr Ordnungssinn eine ungesunde Stellung in Ihrem Leben ein? Sind Sie ständig erkältet? Leiden Sie unter schlecht durchbluteter Haut oder unerklärlichen Hautkrankheiten? Ihre Lungenenergie ist nicht ausbalanciert. Hier kann man eine Stärkung der Mutter, des Elements Erde, durchführen.

Wasserzustand: Nieren- und Blasenenergie

Nieren-Blasen-Energie geschwächt

Verspüren Sie ein Schwächegefühl in den Knien? Schmerzt Ihre Lendenwirbelsäule? Leiden Sie unter häufigem Wasserlassen? Die Nierenenergie wird oft durch zu viel Stress oder lange Krankheiten geschwächt. Die Mutter der Niere ist die Lunge, die wir in diesem Fall durch die Anwendungen stärken, um somit auch der Niere neue Energie zuzuführen. In der chinesischen Medizin gibt es eine ganze Fachrichtung, die sich mit der Stärkung der Niere beschäftigt, da diese als Sitz unserer vererbten Energie eine zentrale Rolle spielt. Aus diesem Grund sollten Sie eine Schwäche der Nierenenergie sehr ernst nehmen und mit den entsprechenden Anregungen versuchen, eine Besserung zu erzielen.

Überschuss der Nieren-Blasen-Energie

Existiert nicht, da die Niere als Sitz der körpereigenen Urenergie angesehen wird und diese nie im Überschuss sein kann.

In der Tabelle finden Sie in Kurzform die Entsprechungen und die Regeln bzw. Möglichkeiten der Anwendung:

Wie die Anforderungen des täglichen Lebens sich wandeln, so wandeln sich auch die Ansprüche an Sie. Mithilfe der Tabelle können Sie den sich ständig ändernden Anforderungen adäquat begegnen. Dieser Ansatz entspricht genau dem klassischen Verhältnis zwischen Meister und Schüler im alten China. Der Meister entwickelte stets für jeden Schüler passende Übungen, Nahrungsmittel, Anleitungen, um ihm bei seinem individuellen Fortschritt Hilfestellung zu geben.

Element	Organ	Zustand	Energiebalance
Holz	Leber, Galle	Schwach	Holz, Wasser stärken
Holz	Leber, Galle	Steigt auf	Feuer stärken
Feuer	Herz, Dünndarm	Schwach	Feuer, Holz stärken
Feuer	Herz, Dünndarm	Feurig	Erde stärken
Erde	Magen, Milz, Pankreas	Schwach	Erde, Feuer stärken
Metall	Lunge, Dickdarm	Schwach	Metall, Erde stärken
Wasser	Niere, Blase	Schwach	Metall, Wasser stärken

Element Holz

Ernährung

Aufgrund seiner Größe und der damit verbundenen unterschiedlichsten Klimazonen gibt es in China eine unüberschaubare Vielfalt an Lebensmitteln. Ob Früchte wie Bananen, Litschis, Ananas, Meeresfrüchte oder Hunderte Gemüsearten – es gibt alles frisch zu kaufen.

Jedes Lebensmittel hat eine energetische Wirkung, die schon sehr früh in der Geschichte Chinas entdeckt und auch eingesetzt wurde. Schon der Klassiker „Das Lehrbuch des Gelben Kaisers", ein Grundlagenbuch der chinesischen Medizin aus dem 2. oder 1. Jahrhundert v. Chr., schildert detailliert die verschiedenen Geschmacksrichtungen und ihre Wirkungen auf den menschlichen Körper. Die Bedeutung der Nahrung für die menschliche Gesundheit ist fester Bestandteil der chinesischen Medizin. Es gibt heute noch Kliniken, die ausschließlich mit Ernährungstherapie arbeiten. Die Patienten erhalten dort nach eingehender Untersuchung einen Speiseplan, nach dem die Nahrung für sie zubereitet wird. Nach 4 Wochen gezielter 5-Elemente-Ernährung erhalten sie die Kochrezepte, um so ihre Ernährung zu Hause zu verbessern.

Auch heute noch sehr populär und in der Praxis des täglichen Lebens aktuell ist die Verwendung von Lebensmitteln nach den Elementen der entsprechenden Jahreszeit. Der Mensch lebt als Mikrokosmos in einer Umgebung, in der dieselben Naturgesetze gelten wie in seinem Körper. Die Energie des Körpers folgt den Gesetzen der 5 Elemente,

Obstangebot auf einem chinesischen Markt

ob wir es nun wahrhaben wollen oder nicht. Falsche Nahrungsmittel, zum Beispiel Eis oder zu viel Rohkost im Winter, kann der Körper tolerieren, er verliert aber sehr viel Energie. Ständiger Energieverlust führt zu einer Schwächung des Körpers und damit zu erhöhter Anfälligkeit gegenüber Krankheitserregern.
Die ständige Verfügbarkeit aller Nahrungsmittel hat das Gefühl für eine sinnvolle Ernährung weitgehend zerstört. Im Kreislauf der Natur werden alle Lebensmittel zu der ihrem Zyklus entsprechenden Zeit reif, Tomaten also zum Beispiel nur im Sommer. Ihre Energie ist daher für die sommerlichen Temperaturen ideal, sie wirken erfrischend und kühlend. Frische Tomaten sind heutzutage aber permanent verfügbar. Ob aus dem geheizten Treibhaus oder aus Australien stammend – keine Verrücktheit ist dem Handel fremd. Die Sinnlosigkeit solcher Erzeugnisse sollte jedermann klar werden. Von den Belastungen der Natur durch das Beheizen von Gewächshäusern und lange Transportwege abgesehen, wirken solche Nahrungsmittel auch zur falschen Jahreszeit konsumiert ihrer Energetik entsprechend. Tomaten erfrischen uns auch im Winter herrlich, unser Körper kühlt trotz aktuell kalter Temperaturen noch weiter ab. Als Folge davon kann die Durchblutung in den Gelenken schlechter werden und es können Beschwerden wie Steifigkeit oder auch Arthrose auftreten. Übermäßiger Fleischkonsum im Sommer heizt uns richtig gut ein! Als Folge davon kann ein hoher Blutdruck oder auch eine Stauung des Blutes auftreten.
Mit diesem Durcheinander an Nahrungsmitteln stören Sie Ihre körpereigene Energie dauerhaft und überfordern Ihren Körper, der ständig damit beschäftigt wird, unsinnige Wirkungen auszugleichen. Unser wunderbar widerstandsfähiger Körper kann diese Mehrarbeit über lange Zeit tolerieren, wird aber schließlich doch schwach und krank.
Die Chinesen erkannten diese Zusammenhänge schon sehr früh und entwickelten durch intensive Beobachtung und Erfahrung eine saisonale Küche, die den im Lauf der Jahreszeiten wechselnden energetischen Zuständen der Natur Rechnung trägt. Es handelt sich dabei um keine „medizinische Diät“, sondern um eine Ernährungsweise, die den Menschen hilft, sich harmonisch mit den Veränderungen in der Natur zu bewegen.
Auch unsere ländlichen Traditionen entsprechen weitgehend diesen Regeln. In früheren Zeiten war es zum Beispiel selbstverständlich, Tiere ihrer normalen Entwicklung zu überlassen und dann zu schlachten, wenn sie ein gesundes Gewicht erreicht hatten. Das klassische Schlachtfest im Herbst oder das Osterlamm zeigen noch Reste dieser gesunden, aber leider weitgehend verlorenen Lebensweise.
Am einfachsten können Sie Ihren Körper an die Jahreszeiten anpassen bzw. in diesen unterstützen, indem Sie Ihre normale Ernährung durch saisonale Nahrungsmittel und Speisen ergänzen.

Der chinesische Kalender und die Jahreszeiten

In China gibt es mehrere Kalendersysteme, die zu unterschiedlichen Zwecken benützt werden. Der Sonnenkalender wurde für die Landwirtschaft entwickelt und soll den Bauern die richtigen Zeiten für die Aussaat und alle anderen landwirtschaftlichen Aktivitäten anzeigen. Er besteht aus 24 Jahreszeiten zu je ca. 15 Tagen. Diese Jahreszeiten werden durch eine in dieser Zeit auffällige Erscheinung aus dem Pflanzen- oder Tierreich oder auch durch ein Wetterphänomen charakterisiert und ermöglichen so den Landwirten, ihre Arbeiten danach auszurichten.

Teil eines Solarkalenders

Der Sonnenkalender

Frühjahrsanfang	04. 02.
Dauerregen	19. 02.
Erwachen der Insekten	05. 03.
Frühjahrssonnwende	20. 03.
Käferschwirren	04. 04.
Regenschauer	20. 04.
Sommeranfang	05. 05.
Kleine Ernte	21. 05.
Saatzeit	05. 06.
Sommersonnwende	21. 06.
Kleine Hitze	07. 07.
Große Hitze	22. 07.
Herbstanfang	07. 08.
Ende der Hitze	23. 08.
Weißer Tau	07. 09.
Herbstsonnwende	23. 09.
Kalter Tau	08. 10.
Frost	23. 10.
Winteranfang	07. 11.
Kleiner Schnee	22. 11.
Großer Schnee	07. 12.
Wintersonnwende	21. 12.
Kleine Kälte	05. 01.
Große Kälte	20. 01.

Diese Einteilung entspricht meiner Beobachtung nach auch den tatsächlichen klimatischen Bedingungen in unserer Klimazone weitaus mehr als unsere Einteilung der Jahreszeiten.

So ist zum Beispiel unser Frühjahrs- und Sommeranfang weitaus später angesetzt, als in der Natur tatsächlich zu beobachten ist. Mit Beginn der Herbstzeitlosenblüte, die oft schon Anfang August einsetzt, kommt der Herbst. Auch das frühere Datum des Winteranfangs am 7. 11. wird oft durch unser Klima bestätigt.

Sonnenobservatorium

Die Einteilung der Jahreszeiten im Vergleich

	China	Westliche Welt
Frühjahrsanfang	04. 02.	20./21. 03.
Sommeranfang	05. 05.	21. 06.
Herbstanfang	07. 08.	22./23. 09.
Winteranfang	07. 11.	21./22. 12.

Die zur Jahreszeit passenden Nahrungsmittel

Jahreszeit	Element	Geschmack	Stärkung	Lebensmittel	Organe	Funktion
Frühjahr	Holz	Sauer	Sauer, salzig	Fisch, Südfrüchte Sauerkonserven Apfelessig	Leber Galle	Energie stärken
Sommer	Feuer	Bitter	Bitter, sauer	Bitteres Gemüse Löwenzahn Salate	Herz Dünndarm	Blut stärken
Spätsommer	Erde	Süß	Süß, bitter	Reis, Kartoffeln Nudeln	Magen Milz Pankreas	Muskeln stärken
Herbst	Metall	Scharf	Scharf, süß	Chili, Pfeffer	Lunge Dickdarm	Atem stärken
Winter	Wasser	Salzig	Salzig, scharf	Fisch	Niere Blase	Wärme stärken

Die Anwendung der 5 Elemente in der Küche ist einfach:
Ergänzen Sie Ihre Ernährung mit Lebensmitteln, die in der Tabelle genannt sind.

Ernährung für die Zeit des Winters

vom 7. 11. bis 3. 2.
Element Wasser

Die Hauptgeschmacksrichtung ist salzig. Dieser Geschmack bezieht sich ausschließlich auf Produkte, die aus dem Meer stammen, also zum Beispiel Fisch und Meeresfrüchte. Unsere Gewohnheit, mit viel Steinsalz zu würzen, ist äußerst schädlich, da die energetische Funktion der Nieren überfordert wird. Verwenden sollte man daher ausschließlich Meersalz, Himalajasalz oder Kräutersalz aus Meersalz mit Gewürzen. Meersalz enthält im Gegensatz zu Steinsalz viele wichtige Mineralstoffe und Spurenelemente (siehe auch Seite 49). Die Nebengeschmacksrichtung ist scharf. Diese Eigenschaft, die dem Element Metall zugeordnet wird, fördert entsprechend der Elementereihenfolge das Element Wasser, also auch die Energie der Niere. Man kombiniert in den Rezepten scharf und salzig für eine optimale Energie der Organe.
Scharfe Lebensmittel sind hauptsächlich Chilis, die es in vielen Variationen gibt. Den Schärfegrad sollte man ausprobieren, es gibt Schärfen von 1 bis 10. Vorsichtiges Dosieren ist wichtig, denn eine Überdosierung kann zu Kreislaufproblemen führen und zerstört mit der Zeit den Geschmacksinn.

Rezepte

Viel Fisch und Meeresfrüchte genießen, mit Meersalz würzen und zu den Gerichten etwas Chili, frisch oder getrocknet, zugeben.

Auswahl der Lebensmittel, um zu tonisieren

Essen Sie viel Fisch und andere Lebensmittel aus dem Meer und würzen Sie im Winter mit frischen oder getrockneten Chilis. Eine gesunde Schärfe „heizt" Ihren Körper auf, stärkt die Nierenenergie und wehrt gleichzeitig Krankheitserreger ab.

Ingwertee

Eine Tasse Ingwertee ist im Winter ein Hochgenuss, er erwärmt die Energiebahnen und stimuliert das Immunsystem. Am besten wirkt er, wenn man ihn frisch zubereitet. Die Wurzelknolle bekommt man in fast jedem Supermarkt. Kaufen Sie nicht zu viel ein, Ingwer hält im Kühlschrank in Alufolie gewickelt nur maximal 6 Wochen.
Achtung: Ingwertee eignet sich nicht zum Dauergebrauch und nicht zum Genuss während des Sommers. Energie- und Wärmeverlust sind die Folge einer übermäßigen Daueranwendung.

Rezept für 2 Tassen Ingwertee à 300 ml

Zutaten

2 Scheiben Ingwer
2 EL Honig
1 Messerspitze gemahlener Zimt
4 schwarze Pfefferkörner

Zubereitung

In einem Topf ohne Fett den klein geschnittenen Ingwer und die Pfefferkörner bei voller Hitze unter ständigem Rühren 5 Minuten anrösten, dann mit 600 ml Wasser ablöschen, Honig und Zimt zugeben und bei geringer Hitze 15 Minuten sieden lassen. Den Tee abseihen und möglichst heiß trinken. Bei einer drohenden Erkältung sofort 2 Tassen heiß in kurzem Abstand trinken, bis ein leichtes Hitzegefühl auftaucht. Dann ist die Erkältung meist abgewehrt.

Für Eilige

Asienläden führen Ingwertee häufig als Instantgranulat. In einer Tasse mit heißem Wasser aufgelöst, hat man im Handumdrehen seinen Ingwertee. Diese Art der Anwendung ist besonders praktisch fürs Büro oder für unterwegs, man sollte immer einen kleinen Vorrat davon bei sich haben.

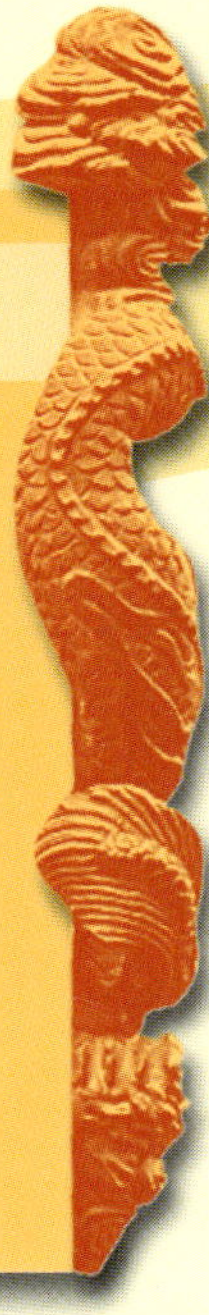

Auswahl der Lebensmittel, um zu sedieren

Die Energie der Nieren wird normalerweise nie beruhigend behandelt, das heißt sediert, da es sich dabei um die Konstitutionsenergie handelt, von der man eigentlich nie genügend Vorrat haben kann. Eine Überbetonung der Nierenenergie kann aber dennoch vorkommen und äußert sich meist in psychischen Störungen wie Starrheit oder zu starkem Willen bei der Durchsetzung eigener Ziele. Die Geschmacksrichtung, die wir hier zur sanften Beruhigung oder, wie man in der chinesischen Medizin sagt, zur Sedierung verwenden, ist sauer. Sauer gehört zum Element Holz und leitet den Energieüberschuss ab, ohne dass in der überaus wichtigen Nierenenergie ein Verlust entsteht.

Rezepte

Sauerkraut zu den Mahlzeiten geben, am besten als Rohkost und auf jeden Fall biologisch und mit Meersalz erzeugt. Die Menge sollte 500 g pro Woche nicht überschreiten, da Sauerkraut auch abkühlt.

Zwitzel

Der klassische Drink der Römer kann 2-mal pro Woche genossen werden. Er leitet sanft die Nierenenergie ab.
Hierzu 1 EL biologisch erzeugten Apfelessig in 300 ml Mineralwasser ohne Kohlensäure geben, 1 TL Honig bester Qualität hinzufügen und über den Tag verteilt trinken.

Für Selbstversorger

Apfelessig gehört zu den gesündesten Produkten, die man genießen kann, daher kurz seine Herstellung: Besorgen Sie sich 5 l fertig vergorenen Apfelmost. Geben Sie diesen in ein großes, weithalsiges Glas, fügen Sie 1 EL eines Bioapfelessigs hinzu und decken Sie das Glas nur mit einem Küchentuch zu. Möglichst warm stellen und ab und zu sanft schwenken.
Nach kurzer Zeit bildet sich eine Haut, die „Essigmutter". Diese besteht aus Bakterien, die den Alkohol langsam zu Säure abbauen. Nach ca. 4 bis 6 Wochen, je nach Temperatur auch länger, ist der Apfelessig fertig und sollte in dunkle Flaschen abgeseiht werden. Die „Mutter", die uns an eine Qualle erinnert, belassen Sie im Glas und geben ihr sofort wieder neuen Apfelmost. Ab und zu entnehmen Sie die Teile der Mutter, die braun werden und zu Boden sinken. Die Produktion kann so endlos fortgesetzt werden. Für die Herstellung des italienischen Balsamicoessigs werden mitunter sogar 200 Jahre alte Essigmuttern verwendet! Sie können Ihre „Mutter" also gern lange nutzen und auch weitervererben.
Die Flaschen lagert man zur Klärung der noch etwas trüben Flüssigkeit dann für 4 Wochen im kalten Keller. Danach kann der Essig verwendet werden, wobei Sie die sich ständig neu bildende Mutter jeweils mit einem kleinen Teesieb abfiltern können. Der große Vorteil gegenüber gekauften Produkten ist, dass der Apfelessig nicht sterilisiert wird. So sind alle vitalen Enzyme und lebenswichtigen Stoffe unverändert vorhanden.

Sauerkrauttöpfe

Ernährung für die Zeit des Frühjahrs

vom 4. 2. bis 4. 5. Element Holz

Die Hauptgeschmacksrichtung ist sauer. Im Frühjahr beginnt die Leber das Kommando zu übernehmen, sie liebt den sauren Geschmack. Er zieht sie etwas zusammen und kräftigt sie auf diese Weise. Die Leber nennt man auch das „Meer der Energie". Da die Leber im Frühjahr viel Arbeit übernimmt, leiden viele unter der sogenannten Frühjahrsmüdigkeit, die eigentlich Lebermüdigkeit heißen sollte.
Alle sauren Lebensmittel wie Zitronen, Essig, auch eingelegte Sauerkonserven stehen nun auf dem Küchenplan. Sauer Eingelegtes sollte man selbst herstellen, da der Essig, der hierfür in der Industrie verwendet wird, wertlos ist und zusätzlich zum Einmachen viele unnötige chemische Stoffe wie zum Beispiel Süß-

stoffe benützt werden. Wenn Sie Deftiges mögen, sollten Sie jetzt vermehrt die Reste Ihres Sauerkrauts essen.
Die Nebengeschmacksrichtung ist salzig. Die Lebensmittel, welche die Energie der Niere stärken, fördern auch die Kraft der Leber. In China sagt man: Die Niere ist die Quelle der Leber.

Sauerkraut selbst herstellen

Zutaten
10 kg Spitz- oder Weißkraut
50 g grobes Meersalz
1 Sauerkrautgärtopf

Zubereitung
Kraut fein hobeln, mit grobem Meersalz vermischen und kräftig stampfen. Ich mache das nach wie vor wie früher mit den Füßen. Sobald Flüssigkeit austritt, in einen Gärtopf (Bezugsquelle siehe Anhang) schichten und nochmals fest einstampfen, bis zum Schluss die Flüssigkeit über dem Kraut steht. Mit Steinen beschweren, Deckel auflegen, Gärrinne mit Wasser füllen und den Topf für 1 Woche bei 18 °C aufstellen. Danach in den kalten Keller stellen. Nach 4 bis 6 Wochen ist das Kraut fertig und kann genossen werden.

Durch den geringen Salzgehalt von nur 50 g (!) pro 10 kg ist selbst hergestelltes Sauerkraut sehr leicht verdaulich und im Gegensatz zu industriell hergestelltem, das pasteurisiert wird, auch noch roh. Zudem hat es einen natürlichen Reifeprozess durchgemacht, bei dem unzählige für unsere Gesundheit sehr wertvolle Stoffe entstanden sind. Diese Enzyme und Vitamine sind nachweislich krebshemmend. Ab dem 18. Jahrhundert wurde Sauerkraut in der Seefahrt eingesetzt, da es durch seinen hohen Vitamin-C-Gehalt den gefürchteten Skorbut (Vitamin-C-Mangelkrankheit, die unter anderem zu Blutungen führt) verhinderte. Erfunden haben es übrigens die Chinesen, die gesäuertes Kraut schon seit mehr als 2000 Jahren verwenden.

Auswahl der Lebensmittel, um zu tonisieren

Bei schwacher Leberenergie leidet man an der berühmten Frühjahrsmüdigkeit. Diese äußert sich in allgemeiner Unlust, Antriebsmangel und Müdigkeit. Da die Leber auch die Kreativität fördert, kann ebenso Ideenlosigkeit auftauchen. Die Spannkraft der Sehnen ist vermindert und den allgemeinen Zustand kann man mit „saft- und kraftlos" beschreiben. Ihre Leber braucht nun dringend einen Anschub, um neue Energie zu erzeugen.

Rezepte
Sauerkonserven aller Art sowie Sauerkraut kurbeln die Leber wirksam an, auch der bereits erwähnte Zwitzel wirkt Wunder. Der Salat kann ruhig sauer angemacht sein und auch die traditionellen Rezepte mit Essig als Beize für Fleischgerichte sind in dieser Jahreszeit sehr sinnvoll.

Auswahl der Lebensmittel, um zu sedieren

Bei gestauter Leberenergie entsteht ein Zustand, den wir alle aus der Volksweisheit kennen: „Dem ist eine Laus über die Leber gelaufen." Der Mensch ist angespannt, gereizt, aggressiv, alles geht ihm schnell auf die Nerven und er verspürt eine Enge im Hals und im ganzen Körper. Da im Frühjahr die Lebersäfte aufsteigen, verschlimmert sich sein Zustand in dieser Zeit. Man kann sich gestaute Leberenergie bildlich so vorstellen, als ob man einen festen Ring um ein kräftiges Bäumchen legt und so den Saftanstieg blockiert. Der Druck, der unterhalb des Rings entsteht, entspricht diesem Zustand.
Die Geschmacksrichtung, die wir hier verwenden, ist bitter. Viele Menschen scheuen den bitteren Geschmack und versuchen ihn, bei Gemüse und Salaten mit heißem Wasser auszumerzen. Diese Unsitte sollten sie sich abgewöhnen, denn der bittere Geschmack ist für uns sehr wichtig. Schon der berühmte Wasserpfarrer Sebastian Kneipp lobte ihn und der Volksmund sagt: „Bitter dem Mund, dem Herzen gesund." Bitteres zieht den Druck von der Leber ab und lässt die Säfte wieder harmonisch fließen. Fließen die Säfte der Galle und Leber harmonisch, wird der Mensch wieder friedlich.
Sehr empfehlenswert ist eine Kur mit Pflanzensaft, vor allem Löwenzahnsaft (siehe Seite 61). Im Frühjahr kann man auch die jungen Löwenzahnblättchen sammeln und einen leckeren Salat (siehe Seite 46) daraus anrichten. Sammeln Sie bitte von ungedüngten

Wiesen fernab von Straßen und waschen Sie den Löwenzahn gut. Löwenzahnsalat gibt es auch in italienischen Geschäften zu kaufen.

Löwenzahnsalat

Zutaten

junge Löwenzahnblättchen, gesammelt oder gekauft
Olivenöl
Speck

Zubereitung

Blättchen waschen und grob zerkleinern. Speck würfeln und im Olivenöl knusprig anbraten, pfeffern und heiß über die Löwenzahnblättchen geben.

Ernährung für die Zeit des Sommers

vom 5. 5. bis 6. 8.

Element Feuer

Die Hauptgeschmacksrichtung ist bitter, der Geschmack, den wir schon bei der beruhigenden Behandlung der Leber kennengelernt haben. Das Organ Herz steht nun in seiner energetischen Blüte und übernimmt die Leitung. Das Element Feuer charakterisiert die Zeit des Sommers sehr treffend. In der Natur steht alles in voller Pracht und strebt zur Reife hin. Der Mensch ist lebendig, aktiv, euphorisch und verbringt viel Zeit im Freien. Die Lebensmittel, die nun das Herz fördern, sind alle bitteren Gemüse und Salatarten sowie auch alle Wildkräuter.

Die Nebengeschmacksrichtung ist sauer. Der Sommer sollte die Zeit der Salate und des Obstes sein. Alle Arten von leichtem Salat sowie die reifen Obstarten fördern die Energie des Herzens auf natürliche Art und Weise und sind für den Organismus leicht verdaulich und auch besonders kreislaufschonend. Während meines letzten Aufenthalts in China kam ich im Gespräch mit einem chinesischen Arzt auch auf die hiesige Vorliebe für sommerliches Grillen von Fleisch und Wurst zu sprechen. Er war sehr erstaunt über diese Gewohnheit, da sie nicht zur Jahreszeit passt. Fleisch und Wurst sind Lebensmittel des Herbstes und Winters und sollten während des Sommers nicht im Übermaß verzehrt werden.

Gegen eine gelegentliche Grillparty ist selbstverständlich nichts einzuwenden, man kann aber auch Gemüse sehr gut und auf vielfältige Weise grillen. Und auch Salate sowie Rohkost gehören zur Party dazu.

Auswahl der Lebensmittel, um zu tonisieren

Bei schwacher Herzenergie fehlt dem Körper die wärmende, anregende Kraft des Lebensfeuers. Daher leiden diese Menschen unter mangelndem „Feuer“, es fehlt ihnen die Begeisterung, etwas zu unternehmen, oder auch allgemein die Freude am Leben. Die Stimmung ist eher gedrückt, freudlos. Ihr Körper ist trotz der Sommerwärme kalt und der Kreislauf kommt schlecht in Schwung. Am besten verwenden wir hier saure Lebensmittel, vor allem säuerliches Obst sowie Salate, die sauer angemacht werden. Die sauren Lebensmittel bringen zuerst die Leber in Schwung, die dann das Herz ankurbelt.

Rezepte

Täglich den Saft einer Zitrone in Mineralwasser pressen und trinken. Zu jeder Mahlzeit Salate, die sauer angemacht sind; viel Obst.

Auswahl der Lebensmittel, um zu sedieren

Bei übermäßiger Herzenergie lodert das „Herzfeuer“. Der Mensch ist wie ein Vulkan, er redet viel, ist überdreht und zu lustig. Man erkennt Herzfeuer sehr leicht an Personen, die in jeder Kaffeepause eine Gruppe um sich scharen und ständig Witze erzählen. Übermäßiges Feuer im Herzen ist sehr schädlich, da es sehr viel Energie verbraucht und zu einem Zustand führen kann, den man heute auch als Burnout-Syndrom bezeichnet. Unsere moderne, hektische Lebensweise fördert leider das ungesunde Herzfeuer, sodass die meisten Menschen darunter leiden. Daher ist es umso wichtiger, über die richtige, jahreszeitlich angepasste Ernährung für etwas Ausgleich zu sorgen. Völlig falsch ist die Ernährung mit Fleisch und tierischen Produkten, da sie im Körper zusätzlich Hitze erzeugen und so die Grundproblematik verstärken. Wie bereits erwähnt: Etwas Zurückhaltung mit Gegrilltem im Sommer wäre nicht ganz unangebracht. Werfen Sie doch zur Abwechslung Ihren Grill einmal im Herbst oder Winter an!

Die Geschmacksrichtung, um das Herzfeuer zu senken, ist scharf. In diesem Fall verwenden wir den Ablauf der Zerstörung der Elemente. Metall zerstört das Herzfeuer wirksamer als die Stärkung des Elements Erde. Scharf fördert die Durchblutung der Bronchien sowie der Blutgefäße und öffnet diese, dadurch entsteht eine Entlastung des Gefäßsystems. Man schwitzt etwas und das Herzfeuer kühlt sich ab. Entgegen der landesüblichen Meinung ist Scharfes daher auch im Sommer durchaus sinnvoll.

Rezepte

Verwenden Sie frische Chilis aus eigenem Anbau oder vom Gärtner und achten Sie bitte auf die Schärfe der Sorte. Chilis teilt man in Schärfegrade von 1/mild bis 10/superscharf ein. Verwenden Sie geringe Mengen, am besten als Beigabe zu Suppe oder zu Gemüse. Sollten Sie Chilis roh verzehren, versuchen Sie zuerst kleinste Mengen. Ein Zuviel kann zu Magenschmerzen oder sogar Kreislaufproblemen führen. Beim Hantieren mit Chilis bitte immer auf die Hände achten! Sorgfältiges Händewaschen, am besten Bürsten, ist absolute Pflicht. Reibt man sich sonst versehentlich die Augen, kommen die Tränen.

Tipp

Versuchen Sie ruhig mal den Eigenanbau. Jungpflanzen gibt es in jeder Gärtnerei, für Samen ist am Ende des Buches eine Bezugsquelle angegeben.

Chilis beim Trocknen

Ich trockne meine selbst geernteten Chilis auf einer Leine, die ich in die pralle Sonne hänge.
Alternativ kann man sie auch halbieren, dann geht es etwas schneller mit dem Trocknen.
Sie sind erst dann völlig trocken, wenn sie leicht brechen. Aufbewahren sollte man Chilischoten in einer dunklen Dose.

Ernährung für die Zeit des Herbstes

vom 7. 8. bis 6. 11.

Element Metall

Im Herbst übernimmt das Metall die Energie des Körpers, es steht für das Zurückziehen und das Vorbereiten auf die Ruhe des Winters. Diese Aufgabe kommt der Lunge zu, sie wird im Herbst mit besonders viel Energie versorgt. Ihr Geschmack ist das Scharfe. Scharf weitet die Bronchien und wirkt so dem Zusammenziehen und Verhärten der Lungenenergie positiv entgegen. Wie wir schon zuvor erfahren haben, führt die Zufuhr von Schärfe zur Zerstörung des Herzfeuers und damit zur besseren Durchblutung aller Gefäße. Davon profitieren besonders die Bronchien, da sie zu Verstopfung neigen.

Auswahl der Lebensmittel, um zu tonisieren

Sind die Lungen energetisch mangelhaft versorgt, führt das zu Ängstlichkeit und häufig zu asthmatischen Erkrankungen. Diesen Menschen fehlen klare Strukturen in ihrem Leben, sie versuchen immer die

Sicherheit der Zustände zu erhalten. Scharf bewegt diese Stagnation und Schwäche der Lungenenergie hervorragend. Wenn Sie die Zufuhr von Chilis und Pfeffer langsam steigern, dann bleiben die Erfolge mit Sicherheit nicht aus.

Tabascosoße

Zutaten
50 g frische Chilis
50 ml Apfelessig
5 g Zucker

Zubereitung
Alle Zutaten in einen Mixer geben, gut durchmixen, danach in ein Glas geben, gut verschließen und 2 Wochen stehen lassen. Anschließend abfiltern, in eine Flasche füllen und im Kühlschrank aufbewahren. Die Haltbarkeit beträgt ungefähr 6 Monate. Man kann diesen Tabasco tröpfchenweise ins Essen oder auch auf ein Käsebrot geben.

Auswahl der Lebensmittel, um zu sedieren

Einen Überschuss an Lungenenergie erkennt man leicht an übertriebenem Hang zu Ordnung und Sauberkeit. Putzfimmel und Ordnungswahn sind weitverbreitet und für den Chinaspezialisten leicht einzuordnen. Dieser Hang kann sich sogar zur Krankheit ausweiten und sollte dann therapeutisch behandelt werden. Der Charakter dieser Menschen ist oft etwas verhärtet und nicht

Chilis auf dem Markt

Garnelen aus dem Wok

Zutaten pro Person
100 g Garnelen
aus Biozucht
1 frische Chili
1 EL Sojasoße aus Bioherstellung
mit Meersalz
1 Scheibe frischer Ingwer
Pfeffer aus der Mühle
3 EL trockener Sherry
1 Stück Lauch, ca. 5 cm
1 EL Olivenöl

Zubereitung
Garnelen waschen, abtrocknen, Ingwer und Chili fein hacken, Sojasoße, Sherry und Pfeffer mischen, Lauch schräg in dünne Streifen schneiden.
Öl im Wok erhitzen, Ingwer, Chili und Lauch anbraten und dann aus dem Wok nehmen. Garnelen scharf anbraten, Ingwer, Chili und Lauch zugeben und zum Schluss mit der Sojasoße-Sherry-Pfeffer-Mischung aufgießen. Kurz mischen und sofort servieren.

Tipp

Da die konventionelle Garnelenzucht wichtigen Lebensraum in Asien zerstört und unter Einsatz von fragwürdigem Futter und Antibiotika durchgeführt wird, sollten Sie unbedingt biologisch erzeugte Produkte verwenden.

selten sind sie auch sehr materialistisch orientiert.
Die Geschmacksrichtung, die dieser Problematik sinnvoll entgegenwirkt, ist salzig. Infrage kommen alle Lebensmittel, die aus dem Meer stammen: Fische, Krustentiere, Muscheln. Fisch aus einheimischen Gewässern kann gern verwendet werden, auch Räucherfisch ist zu empfehlen. Man sollte nur beim Würzen – wenn nötig – etwas Meersalz dazugeben.
Meersalz enthält im Gegensatz zu Steinsalz, das fast 100 Prozent Natrium aufweist, nur ca. 95 Prozent Natrium, aber zusätzlich viele wertvolle Mineralien wie Kalzium, Magnesium sowie auch wichtige Spurenelemente wie Jod, Zink und Selen und sollte daher bevorzugt in der Küche verwendet werden. Dasselbe gilt für Himalajasalz, das übrigens auch ein Millionen Jahre altes Meersalz ist. Übertriebene Angst vor dem Genuss von Salz, besonders von Meersalz, ist nach neuesten Forschungen unbegründet und unser Körper reguliert den Salzgehalt mit den unterschiedlichsten Methoden perfekt. Wer unter Bluthochdruck leidet, sollte vor allem seine Ernährung fettarm gestalten und sein Körpergewicht normalisieren. Auch hier ist die Umstellung auf Meersalz wichtig.
Meersalz hat aufgrund seiner wasseranziehenden Wirkung eine befeuchtende Funktion und löst Verhärtungen gut auf.

Garnelen aus dem Wok

Die kaiserlichen Suppen

für die 4 Jahreszeiten

Nach den Überlieferungen der chinesischen Temperaturlehre gibt es für die Regulierung der körpereigenen Temperatur nur 4 energetische Maßnahmen. Dem Element Erde rechnet man eine ausgleichende, temperaturneutrale Wirkung zu. Daher ist es nach traditioneller chinesischer Auffassung immer wichtig, ausreichend Grundnahrungsmittel, also Reis und Getreide, zu den einzelnen Mahlzeiten zu essen.
Während aller chinesischen Dynastien wurden die Kaiser als Götter angesehen. Ihre Pflege und Gesunderhaltung hatten oberste Priorität. Aus dieser Tradition sind 4 Suppen überliefert, die jeweils zu einer Jahreszeit wöchentlich 2-mal gereicht wurden. Wer möchte, kann die Suppen auch mit chinesischen Heilkräutern verstärken (Bezugsadresse im Anhang). Diese Heilkräuter unterstützen die energetische Eigenheit der Jahreszeit und beugen so äußerst wirksam Krankheiten vor, die in der entsprechenden Jahreszeit vorherrschen. So wird man zum Beispiel im Winter häufig unter Kältekrankheiten wie Schnupfen, Grippe und kalten Gelenken leiden. Die passende Suppe mit den zusätzlich verabreichten Heilpflanzen hilft, diese Krankheiten zu vermeiden oder auch bestehende Beschwerden zu lindern. Alle Suppen sind leicht zu kochen und bestehen zum größten Teil aus heimischen Zutaten. Die wenigen „neuen" Zutaten, die man benötigt, erhält man heute schon in jedem Supermarkt, in Läden, die asiatische Lebensmittel führen, oder unter der im Anhang genannten Bezugsadresse.

Kaiserliche Akademie Songyang

Kaiserliche Suppe für die Zeit des Winters vom 7. 11. bis 3. 2.
Element Wasser

Die vorherrschende Temperatur ist die Kälte, oft verbunden mit Feuchtigkeit. Unser Körper hat zu Winterbeginn Mühe, sich auf die neuen Bedingungen einzustellen, daher sind Kältekrankheiten dann am häufigsten. Typisch sind auch Beschwerden in den Gelenken. Durch Kälte wird die Durchblutung schlechter, in Verbindung mit reduzierter Aktivität schmerzen die Gelenke oft und sind schwerer beweglich. Auch Niere und Blase leiden unter der Kälte. Über die Fußsohlen, die bekanntlich voller Reflexzonen sind, dringt Kälte in den Körper ein und kann zu Nieren- und Blasenproblemen führen. Häufiges Wasserlassen und ein Kältegefühl in den Nieren sind die bekanntesten Symptome.
Durch Kälte sinkt die Temperatur in den Nieren drastisch ab, sie verlieren dadurch sehr viel Energie und können ihre Funktion der Wärmespeicherung und Regulierung der Blasenfunktion nicht mehr richtig ausüben. Als Folge treten vermehrt Blasenentzündungen und Störungen der Nierenfunktion auf.

Tipp

Achten Sie im Winter immer auf ausreichende Kleidung, vor allem im Bereich der Nieren!

Die Suppe, die diese Symptome vermeiden helfen oder lindern kann, ist die des Kaisers Wudi aus der Han-Dynastie. Er herrschte von 140 bis 87 v. Chr. Der Kaiser beobachtete, wie seine Hofleute im Winter immer Nelken kauten. Er beauftragte seine Hofärzte, der Sache auf den Grund zu gehen, und diese teilten ihm mit, dass das Kauen der Nelken die Energien der Niere erhält und fördert. Daraufhin wies er seinen Chefkoch an, eine entsprechende Suppe zu kreieren.

- Elemente: Wasser, Metall, Holz. Stärkt Wasser und Holz, schwächt Metall ab.
- Organe: Niere, Blase, Lunge, Leber.
- Anwendungszeit: Von Winteranfang bis Frühlingsanfang bei kalter oder nasser Witterung.
- Heilpflanze: 5 g der Heilpflanze Chinesische Engelwurz (*Angelica sinensis*; Bezugsquelle siehe Anhang). 5 Minuten in der Suppe mitkochen und mitverzehren.
- Häufigkeit: 1- bis 2-mal pro Woche 300 bis 500 ml.
- Wirkung Körper: Erwärmt den Körper, stärkt Blase und Niere. Beugt Blasen- und Nieren problemen vor. Wärmt die Gelenke. Schwächt Husten ab, fördert die Durchblutung der Leber.
- Wirkung Geist: Fördert den Willen, schwächt Angst ab und produziert Kreativität.

Alternativ für Vegetarier: Ente durch Tofu (Sojabohnenquark) ersetzen. Tofu wie die Ente schneiden und anbraten, sonst ebenso zubereiten.

„Die Ente schwimmt lustig im Wasser"

Zutaten für 2 Personen

250 g geräucherte Entenbrust
3 Gewürznelken
1 Stück Lauch, ca. 5 cm
1 rote frische oder getrocknete Chilischote
1 Scheibe frischer Ingwer
0,7 l Gemüsebrühe
1 EL Olivenöl

Zubereitung

Entenbrust in schmale Streifen schneiden, ca. 1 x 3 cm. Ingwer, Lauch und Chili fein hacken. Lauch und Nelken im erhitzten Öl anbraten, bis sie aromatisch riechen. Dann Ingwer und Chili zugeben und etwas anbraten. Ente zufügen und ebenfalls anbraten, bis sie schön braun ist. Dann mit der Gemüsebrühe ablöschen und 5 Minuten auf kleiner Flamme kochen. Sofort servieren.

Sternanis

Kaiserliche Suppe für die Zeit des Frühjahrs
vom 4. 2. bis 4. 5. Element Holz

Das Frühjahr ist die Zeit des Aufbruchs und der Beginn des erneuten Wachstums in der Natur. Alles drängt nach außen und oben, und so entsteht die Energetik des Holzes, das nach der langen Ruhe des Winters nun wieder wachsen möchte. Diese Energetik des Holzes, die sehr viel Spannung und Wachstum erzeugt, kann man auch im eigenen Körper spüren. Durch die Klimaveränderungen, den erhöhten Lichteinfall und das oft wechselhafte, windige Wetter spüren viele eine Art Müdigkeit, die man mit den stärkeren Belastungen für die Leber erklären kann. Nach der Winterruhe muss der Körper viele Funktionen erst wieder an die veränderten Bedingungen anpassen, dies kostet viel Energie. Deswegen sollte man die Funktion der Leber unterstützen, die man auch – wie bereits erwähnt – das „Meer der Energie" nennt. Die Leber wird auch als wichtigstes Organ für die Erhaltung von Schönheit und Jugend angesehen.

Dieses Rezept stammt aus der Qin-Dynastie (221 bis 207 v. Chr.) und stammt der Überlieferung nach von einem berühmten Taoisten namens Tieban.

Päonie

„Fisch, der die Frische und Schönheit erhält"

Zutaten für 2 Personen
400 g Fischfilet
1 Scheibe frischer Ingwer
1 Stück Lauch, ca. 10 cm
1 EL Reiswein oder Sherry
1 EL schwarzer chinesischer Essig
1 EL Stärke
Meersalz
Olivenöl
10 g Päonienwurzel
(Bezugsquelle siehe Anhang)

Zubereitung
Filet in 2 x 2 cm große Quadrate schneiden, etwas salzen, mit Stärke bestreuen und vorsichtig vermengen. Ingwer durch die Knoblauchpresse drücken, Lauch in ca. 3 cm lange und sehr dünne Streifen schneiden. Essig und Reiswein mischen. Lauch in etwas Öl weich dämpfen, dann Ingwer und Päonienwurzel zugeben, Fischstückchen kurz anbraten und schließlich mit 0,7 l Wasser ablöschen. Essig-Reiswein-Mischung zugeben und 5 Minuten auf kleiner Flamme köcheln.

- Wirkung Körper: Fördert die Durchblutung der Leber, wirkt gegen Frühjahrsmüdigkeit, fördert Schönheit und jugendliches Aussehen.
- Wirkung Geist: Produziert Kreativität, fördert die Freude am Leben.

Kaiserliche Suppe für die Zeit des Sommers
vom 5. 5. bis 6. 8.
Element Feuer

Der Sommer ist die Zeit der höchsten energetischen Aktivität. Die Energie des Feuers herrscht nun vor. Viele Pflanzen stehen in ihrer Entwicklung auf dem Höhepunkt des Jahreszyklus: Sie tragen Früchte. Die klimatischen Bedingungen, die den Sommer bestimmen, sind Hitze und Trockenheit. Der Mensch hält sich nun viel im Freien auf, ist aktiv und nützt die Strahlen der Sonne bis spät in den Abend hinein. Das zugehörige Organ, das jetzt die meiste Arbeit leisten soll, ist das Herz. Das „Herzfeuer", wie man in China diese Aktivität nennt, ist eine sehr starke, lebendige Art von Energie, welche die Gefahr des Ausbrennens in sich trägt. Es kann leicht zu viel Aktivität entstehen, die den Menschen unruhig, hektisch macht. Er möchte dann „auf allen Hochzeiten gleichzeitig tanzen". Wer unter zu wenig Herzfeuer leidet, klagt über Müdigkeit und Kopfschmerzen. Eine Harmonisierung der Herzenergie erreicht man durch kühlende Nahrungsmittel, die das Herzfeuer im Zaum halten.

Der Geschmack des Herzens ist der bittere, den man in fast allen Salaten und Gemüsearten findet. Sie kühlen den Körper ab und führen ihm Mineralstoffe und Vitamine zu. Ich habe bereits erwähnt, dass man den Genuss von Fleisch, vor allem von Geflügel, Rindfleisch und Wild, im Sommer einschränken sollte, da Fleisch im Körper Hitze erzeugt. Saures fördern und Salziges meiden gilt als Grundregel für die Harmonisierung der Herzenergie im Sommer.

Der Überlieferung nach aßen die Soldaten der Leibwache des Kaisers Taizong (626 bis 649 n. Chr.) diese Suppe häufig im Sommer, um die Belastungen der Sommerhitze abzumildern. Der Hofkoch übernahm das Rezept für die kaiserliche Tafel. Sie reinigt und kühlt den Körper.

Spitzwegerichsuppe mit Shiitakepilzen zur Reinigung und Kühlung

Zutaten für 2 Personen

2 Handvoll Spitzwegerichblätter mit Blüte oder frischer Blattspinat
2 Shiitakepilze frisch oder getrocknet
2 Frühlingszwiebeln
Öl
1 l Gemüsebrühe

Zubereitung

Schneiden Sie den Spitzwegerich oder Spinat in Quadrate à 2 x 2 cm. Weichen Sie die getrockneten Shiitakepilze 30 Minuten in lauwarmem Wasser ein oder schneiden Sie die frischen Shiitakepilze in Quadrate à 2 x 2 cm.

Schneiden Sie nun die Frühlingszwiebeln in schräge, 2 cm lange Streifen. Erhitzen Sie das Öl, geben Sie die Frühlingszwiebeln hinein und lassen Sie sie etwas andämpfen.

Gießen Sie inzwischen gegebenenfalls das Wasser der eingeweichten Shiitakepilze ab und schneiden Sie sie in Quadrate à 1 x 1 cm.

Fügen Sie nun die Pilze und den Spitzwegerich zu Zwiebeln und Öl hinzu und rühren Sie alles 2 Minuten gut durch. Dann löschen Sie mit 1 l lauwarmer Gemüsebrühe ab. Lassen Sie die Suppe so lange köcheln, bis die Spitzwegerichblätter gut weich sind.

Tipp

Sie können Spitzwegerich von einer sauberen, ungedüngten Wiese selbst sammeln. Informieren Sie sich bitte anhand eines Bestimmungsbuchs über die betreffende Pflanze. Sollten Sie unsicher sein, können Sie frischen Blattspinat verwenden.

- **Wirkung Körper:** Kühlt den Körper sanft ab, besänftigt das Herz.
- **Wirkung Geist:** Beruhigt die Nerven, hellt die Stimmung auf.

Tempel vor Bergkulisse

Kaiserliche Suppe für die Zeit des Herbstes

vom 7. 8. bis 6. 11.
Element Metall

Die klimatischen Verhältnisse mit kaltem, nassem Wetter gleichen bei uns häufig jenen des Winters. Verwenden Sie im Herbst ebenfalls die kaiserliche Suppe für den Winter und geben Sie ruhig etwas mehr Chili oder Pfeffer hinzu. Die Schärfe befreit das Element Metall und lässt die Bronchien aufatmen.

- Wirkung Körper:
  Erwärmt den Körper, stärkt Lunge und Niere. Beugt Erkältungen und Nierenproblemen vor. Wärmt die Gelenke.
- Wirkung Geist:
  Wirkt gegen Furchtsamkeit.

Fit und schlank durch Elementeküche

Nach neuesten Untersuchungen ist ein hoher Prozentsatz der Erwachsenen und Kinder übergewichtig. Die Verhältnisse haben sich schon amerikanischen Zahlen angenähert. Die Ursachen sind schnell gefunden: chronischer Bewegungsmangel und falsche Ernährung, vor allem durch Fertignahrungsmittel und Fastfood. Um solche Fehlentwicklungen zu vermeiden, sollte man Kinder von vornherein an ein vollwertiges Essen gewöhnen. Die Vorbildfunktion der Eltern ist dabei am wichtigsten. Gesundes Essen, frisch gekocht und auch auf die Bedürfnisse der Kinder zugeschnitten, lässt Kinder ein normales Essverhalten entwickeln. Es kann ruhig mal ein Fastfoodgericht dabei sein, damit die Kinder auch die Wirkung spüren. Lehren Sie Ihre Kinder möglichst frühzeitig das Kochen. Die Freude am selbst kreierten Essen motiviert sie und hilft sehr bei der Entwicklung eines gesunden Essverhaltens.

Wer etwas abnehmen möchte, kann dies sehr gut durch die Elementeküche erreichen. Die kaiserlichen Suppen sind besonders gut dazu geeignet, schnell einige Pfunde loszuwerden.

Entlastungswoche: Gewichtsabnahme 1 kg

Ersetzen Sie an 3 Tagen einer Woche das Mittag- oder Abendessen durch die kaiserliche Suppe, die zur entsprechenden Jahreszeit passt. Zusätzlich wählen Sie bitte Übungen der Seiten 109 bis 120. Führen Sie diese Entlastungswoche, die für den Körper sehr gesund ist und zusätzlich die körpereigene Energie an die entsprechende Jahreszeit anpasst, in jeder Jahreszeit 1- bis 2-mal durch. Zwischen den Entlastungswochen sollte aber eine Pause von mindestens 4 Wochen liegen, sonst passt sich Ihr Körper an die verminderte Kalorienzufuhr an und eine Gewichtsreduktion ist nicht mehr möglich.

Räucheraltar

Heilpflanzen
zur Regulierung der 5 Elemente

In China kennt man mehr medizinisch nutzbare Pflanzen und Tiere als in jedem anderen Land der Erde. Die offizielle chinesische Pharmakologie beschreibt ca. 10 000 verschiedene Substanzen, die in der Heiltherapie genutzt werden. Neben der offiziellen Phytotherapie, der Pflanzenheilkunde, entstand eine Volksheilkunde, der sehr wertvolle Anwendungen entstammen.

Mit dieser Volksheilkunde wollen wir uns nun beschäftigen. Die Heilpflanzen, die hier verwendet werden, dienen der Harmonisierung der 5 Elemente, der Vorbeugung und der Kräftigung des Körpers. In China war es immer schon wichtiger, den Körper zu pflegen, als ihn zu behandeln. Die hier vorliegenden Rezepte sollen keinen Arzt oder Therapeuten ersetzen. Bei unklaren Beschwerden suchen Sie bitte einen erfahrenen Arzt oder Therapeuten auf. Lernen Sie durch die Beschäftigung mit den 5 Elementen Ihren Körper näher kennen und entwickeln Sie eine Sensibilität für Energiestörungen. Ihr Körper und auch Ihr Geist zeigen Ihnen schon lange vor der Entstehung von Krankheiten durch Auffälligkeiten, die man den 5 Elementen zuordnen kann, was Ihnen fehlt. Genau für diese Störungen der Balance sollten die beschriebenen Heilpflanzen verwendet werden. „Die Dosis macht das Gift“ ist ein alter Lehrspruch des berühmten mittelalterlichen Pflanzenfachmanns Paracelsus. Verändern Sie bitte weder Dosierung, Menge noch Einnahmedauer der empfohlenen Rezepte. Sollte es Ihnen möglich sein, verwenden Sie bitte Heilpflanzen aus kontrolliert biologischem Anbau. Für die chinesischen Heilkräuter finden Sie am Ende des Buches eine Bezugsquellenangabe. Alle europäischen Heilpflanzen erhalten Sie in Apotheken, Reformhäusern und über das Internet.

Die chinesische Volksheilkunde betrachtet viele Heilpflanzen nicht isoliert als Heilmittel, sondern nutzt sie oft auch als Lebensmittel. So findet man eine große Zahl von Heilpflanzen in Suppen, Tees und anderen Speisen. Der Bezug zu den 5 Elementen ist sehr eng und auch an der Anpassung der Lebensmittel an die Jahreszeiten deutlich erkennbar. Die Zuordnung von Heilpflanzen zu den 5 Elementen, ihre Klassifikation nach Temperaturverhalten, Organbezug und Wirkung ist auch bei uns in Europa üblich gewesen und findet sich in den Heilkräuterbüchern des Mittelalters. Sie geht zurück auf die Arzneimittellehren der frühen griechischen Ärzte Galen und Dioskurides. Viele Heilpflanzen, Kräuter und Lebensmittel, die man in China nutzt, sind auch bei uns schon lange sehr beliebt und problemlos zu erhalten. Um Ihnen noch mehr Möglichkeiten zu eröffnen, habe ich europäische und chinesische Heilpflanzen aufgelistet.

Heilpflanzen und ihre Wirkung auf die 5 Elemente

Heilpflanzen für das Element Holz

Leber-Gallen-Energie geschwächt

Möchten Sie kreativer werden? Fühlen Sie sich häufig und vor allem im Frühjahr müde oder abgespannt? Dann ist die Leberenergie zu schwach.

Die Kreativität und die eigentliche Energie Ihres Körpers gehören zum Element Holz, also sollten Sie in diesem Fall Ihr Element Holz stärken. Sie haben zwei Möglichkeiten, Holz zu stärken: Sie können Heilpflanzen verwenden, die das Element Holz direkt tonisieren, oder auch entsprechend der Mutter-Kind-Regel die Mutter von Holz, das Wasser, stärken und somit eine Stärkung der Holzeigenschaft Kreativität sowie eine Steigerung von Energie und Spannkraft erzielen.

Saure Bergdattel/ Kornelkirsche

Der Name kommt von der Form der Frucht. Es handelt sich aber um keine echte Dattel.

Kornelkirschenblüte

Saure Bergdattel (*Cornus officinalis* Sieb. et Zucc.)

- Verwendeter Teil: Frucht, frisch oder getrocknet
- Geschmack: sauer
- Element: Holz, Wasser
- Wirkung auf die Organe: Leber und Niere werden gekräftigt
- Medizinische Wirkung: bei Schwächegefühl, Antriebsmangel, Schlaflosigkeit, Tinnitus, Frühjahrsmüdigkeit, Lustlosigkeit, mangelnder Kreativität
- Anwendung: Täglich 5 frische oder getrocknete Bergdatteln essen oder 5 g 10 Minuten in 1 l Wasser kochen, den Tee dann in 3 Portionen über den Tag verteilt trinken.
- Gegenanzeige: Verstopfung
- Dauer: bis zu 4 Wochen

Kornelkirsche *(Cornus mas)*

Die bei uns eingeführte und häufig in Gärten gepflanzte Kornelkirsche hat ähnliche Wirkung und kann zum selben Zweck verwendet werden. In ihrer Wirkung ist die Saure Bergdattel allerdings stärker.

Im Herbst sammeln Sie die reifen roten Früchte, die Sie roh verzehren oder auch trocknen können. Dies beruht auf dem sauren Geschmack der Frucht, der zusammenzieht und so das Element Holz kräftigt. Die energetische Wirkung ist sehr gut, da die Frucht auch gleichzeitig das Element Wasser stärkt und somit eine bessere Gesamtwirkung eintritt (Mutter-Sohn-Regel).

- Anwendung: Täglich 5 frische oder getrocknete Kornelkirschen essen oder 5 g 10 Minuten in 1 l Wasser kochen, den Tee dann in 3 Portionen über den Tag verteilt trinken. Kornelkirschen lassen sich auch in der Suppe fürs Frühjahr verwenden. Einfach 2 getrocknete Kornelkirschen pro Person mitkochen.

Leber-Gallen-Energie steigt auf

Sind Sie dauerhaft angespannt und gereizt? Sie fahren gern aus der Haut? Sie können wenig Fettes essen? Dann ist Ihre Leber gestaut und hat zu viel Energie angesammelt. Vermeiden Sie Alkohol und zu viel Fett in Ihrer Ernährung. Ich empfehle einen Besuch beim Arzt.

Nach der Mutter-Kind-Regel ist Feuer das Kind von Holz und kann die überschüssige Energie erfolgreich abziehen. Der Geschmack des Feuers ist bitter. Er hat eine sehr gute Wirkung auf das Herz und ist entgegen den heutigen medizinischen Meinungen auch sehr günstig bei der Behandlung von Herzsymptomen. Wie bereits gesagt, weist der alte Volksspruch „Bitter dem Mund, dem Herzen gesund" schon darauf hin. Die Pflanze, die wir verwenden, stammt aus heimischen Gefilden und ist der Löwenzahn. Er kann sehr gut die angestaute Energie in der Leber abbauen und hat sehr positive Wirkungen auf den gesamten Stoffwechsel. Ich empfehle jedem zur Vorbeugung eine Kur im Frühjahr.

Löwenzahn *(Taraxacum officinalis)*

- Verwendeter Teil: Kraut mit Wurzel
- Geschmack: bitter
- Element: Feuer
- Wirkung auf die Organe: stärkt das Herz und beruhigt die Leber

Löwenzahn

- Medizinische Wirkung: bei Leber- und Gallenstörungen
- Anwendung: Frischpflanzensaft, Tee
- Saft: 3-mal täglich nach dem Essen 1 EL pur oder in etwas Wasser
- Tee: 2 TL mit 300 ml kaltem Wasser übergießen, erhitzen und 2 Minuten kochen. 10 Minuten ziehen lassen, dann abseihen. 2 Tassen pro Tag nach dem Essen trinken.
- Dauer: 6 Wochen

Heilpflanzen für das Element Feuer

Herz-Dünndarm-Energie geschwächt

Fehlt Ihnen die Freude im Leben und frieren Sie leicht? In diesem Fall sollten Sie dem Element Feuer auf die Sprünge helfen.

Treten zusätzlich zu den genannten Beschwerden weitere auf wie Kurzatmigkeit, Druckgefühl in der Brust, Herzschmerzen, Schwitzen bei leichter Anstrengung oder blaue Lippen, sollten Sie vernünftig sein und einen Arzt aufsuchen. Nach Abklärung der Ursachen können Sie vorbeugend oder zur Stärkung die folgenden Tipps gern verwenden.

Die Heilpflanze, die ich Ihnen zur Stärkung der Herzenergie empfehlen kann, ist der bei uns heimische Weißdorn. Bei längerer Einnahme kräftigt er die Herzfunktion und stärkt somit das Element Feuer. Sie können gleichzeitig auch die Energie des Holzes stärken. Indem Sie nach der Mutter-Kind-Regel der Mutter des Feuers, dem Holz, Energie zuführen, stärken Sie indirekt das Feuer. Verwenden Sie hierfür bitte die Saure Bergdattel (siehe Heilpflanzen für das Element Holz, Seite 58).

Weißdorn *(Crataegus)*

- Verwendeter Teil: Blüten, Früchte
- Geschmack: neutral
- Element: Feuer
- Wirkung auf die Organe: stärkt das Herz
- Medizinische Wirkung: bei leichten Herzbeschwerden
- Anwendung: Frischpflanzensaft, Tee
- Saft: 3-mal täglich 1 EL pur oder mit Wasser
- Tee: 2 TL Blüten oder Früchte mit 300 ml heißem Wasser übergießen und 30 Minuten ziehen lassen. Trinken Sie 3-mal täglich 1 Tasse.
- Dauer: 6 Wochen bis 3 Monate

Weißdorn

Herz-Dünndarm-Energie im Feuer

Sie leiden unter Schlaflosigkeit, haben viele Träume, sind unruhig und nervös? Treten bei diesem Zustand körperliche Beschwerden wie Herzklopfen, Bluthochdruck oder Rhythmusstörungen auf, muss sofort ein Arzt aufgesucht werden. Die angegebenen Tipps sind nur sinnvoll anzuwenden, wenn die Symptomatik auf die oben genannten Auffälligkeiten wie Nervosität, Unruhe, Schlaflosigkeit beschränkt bleibt. Bei dieser Harmoniestörung, die in der heutigen Zeit häufig anzutreffen ist und von der hektischen Lebensweise hervorgerufen wird, verlieren die beiden Elemente Feuer und Wasser ihre Kontrollfunktion. Dies nennt man in China „Feuer und Wasser verbinden sich nicht mehr". Wasser hat die wichtige Aufgabe, das Feuer zu kontrollieren. Gelingt dies zum Beispiel durch zu viel Stress nicht mehr, treten die oben genannten Störungen auf. Sie sollten ernst genommen werden, denn aus ihnen können sich ernsthafte Krankheiten entwickeln. Angina pectoris, Herzinfarkt und Bluthochdruck können bei lang anhaltender Störung auftreten.

Die Heilpflanze, die wir hier verwenden, kühlt das Herzfeuer und stärkt gleichzeitig die Energie der Niere.

Braunwurz *(Rehmannia glutinosa)*

- Verwendeter Teil: die speziell aufbereitete Wurzel *(Radix Rehmanniae glutinosae praeparata)*
- Geschmack: bitter
- Elemente: Wasser, Feuer, Holz
- Wirkung auf die Organe: stärkt Niere und Leber, beruhigt das Herz

Braunwurz

- Medizinische Wirkung: bei Schlaflosigkeit, Tinnitus, Impotenz, Fruchtbarkeitsstörungen
- Anwendung: Tee, Pille
- Tee: 30 g der Wurzel mit 1 l kaltem Wasser übergießen, erhitzen, auf die Hälfte einkochen, dann abseihen. Menge auf den Tag verteilt trinken.
- Pille: 3-mal 3 Pillen pro Tag mit etwas Wasser einnehmen.
- Dauer: 6 Wochen bis 2 Jahre

Heilpflanzen für das Element Erde

Magen-Milz-Pankreas-Energie geschwächt

Sie fühlen sich träge und sind grüblerisch? Essen Sie zu viel? Diese Schwäche ist häufig Folge von Überernährung oder unregelmäßiger Nahrungsaufnahme. Nehmen Sie ab und sorgen Sie vor allen Dingen für eine regelmäßige und ausgewogene Ernährung. Die häufigen körperlichen Begleiterscheinungen wie zum Beispiel Durchfall, Blutarmut, Wassereinlagerungen sollten medizinisch abgeklärt werden.

Die Pflanze, die wir zur Stärkung einsetzen, ist eine der bekanntesten Heilpflanzen der Welt: der Ginseng. Ginseng reguliert und kräftigt die Funktion des Elements Erde und verbessert damit die Energieaufnahme durch die Verdauungsorgane. Viele weitere positive Wirkungen konnten schon festgestellt werden. Ginseng kann bei mannigfaltigen Beschwerden, vor allem bei der Vorbeugung altersbedingter Schwerhörigkeit oder Gedächtnisschwäche, aber auch bei Burn-out-Syndrom und vielen weiteren erfolgreich verwendet werden. Ab einem Alter von 45 Jahren ist eine jährliche Kur von 3 Monaten empfehlenswert.

Ginseng
(*Panax ginseng* C. A. Meyer)

Ginsengwurzel:
Ihre Anwendung als Tee, Pille oder Tinktur kann den Alterungsprozess verlangsamen.

- **Verwendeter Teil:** Wurzel
- **Geschmack:** süß und leicht bitter
- **Elemente:** Erde, Metall
- **Wirkung auf die Organe:** stärkt Magen, Lunge und Niere
- **Medizinische Wirkung:** wirkt ausgleichend auf alle Körperfunktionen, verlangsamt den Alterungsprozess
- **Anwendung:** Tee, Pille, Tinktur, Trinkampullen
- **Tee:** Pro Tag 1 bis 2 Päckchen Instanttee in heißem oder kaltem Wasser auflösen oder 2 TL Wurzelpulver 30 Minuten in 1 l Wasser köcheln. Verwenden Sie einen großen Topf, Ginseng schäumt und kocht leicht über.
- **Pille:** 2 bis 3 g auf den Tag verteilt
- **Tinktur:** nach Anleitung des Herstellers
  Trinkampullen: 1- bis 3-mal täglich 1 Ampulle jeweils vor den Mahlzeiten
- **Dauer:** 6 Wochen bis dauerhaft

Überschuss der Magen-Milz-Pankreas-Energie

Magenbrennen und Völlegefühl treten oft als Folge von Hitze im Magen auf. Stress, unregelmäßige Ernährung oder auch Erreger und anderes kommen als Ursache infrage.
Werden die Beschwerden nach dem Essen schlimmer, sollten Sie einen Arzt aufsuchen.
Heilpflanzen zur Beruhigung des Magens haben wir genügend zur Auswahl. Am besten wirkt hier die Kamille.

Kamille *(Matricaria chamomilla)*

- **Verwendeter Teil:** Blüte
- **Geschmack:** süß
- **Element:** Erde
- **Wirkung auf die Organe:** stärkt den Magen
- **Medizinische Wirkung:** bei Magenschleimhautentzündung
- **Anwendung:** Tee, Tinktur
- **Tee:** 1 TL mit 300 ml heißem Wasser übergießen, 10 Minuten ziehen lassen und abfiltern. 2 bis 3 Tassen täglich vor dem Essen trinken.
- **Tinktur:** nach Anleitung des Herstellers
- **Dauer:** bis zum Nachlassen der Beschwerden, aber nicht länger als 6 Wochen ohne Unterbrechung

Heilpflanzen für das Element Metall

Lungen-Dickdarm-Energie geschwächt

Nimmt Ihr Ordnungssinn eine ungesunde Stellung in Ihrem Leben ein? Sind Sie ständig erkältet? Leiden Sie unter schlecht durchbluteter Haut oder unerklärlichen Hautkrankheiten? Dann ist Ihre Lungenenergie nicht ausbalanciert. Nach eventuell nötiger Abklärung durch den Hausarzt oder Facharzt können Sie Ihre Metallenergie durch folgende Behandlung aufbauen.

Kamille

Chinesische Yamswurzel
(Dioscorea batatas)

Yams ist in vielen Teilen Asiens ein Grundnahrungsmittel und hat sehr gute aufbauende und ausgleichende Wirkungen auf den ganzen Körper. Sie können Yamswurzeln wie Kartoffeln in der Küche verwenden. Medizinisch gilt die Wurzel als sehr gutes Kräftigungsmittel für die Lunge.

Chinesische Yamswurzel

- Verwendeter Teil: Wurzel
- Geschmack: süß
- Elemente: Erde, Metall, Wasser
- Wirkung auf die Organe: stärkt Magen, Lunge und Niere
- Medizinische Wirkung: Aufbau nach Schwäche
- Anwendung: Tee, Pille
- Tee: 30 g mit 1 l kaltem Wasser übergießen und auf 0,5 l einkochen; auf 3 Portionen verteilt trinken
- Pille: nach Anleitung des Herstellers
- Dauer: kann lange Zeit eingenommen werden

Heilpflanzen für das Element Wasser

Nieren-Blasen-Energie geschwächt

Verspüren Sie ein Schwächegefühl in den Knien, Schmerzen in der Lendenwirbelsäule? Leiden Sie unter häufigem Wasserlassen? Die Nierenenergie wird häufig durch zu viel Stress oder lange Krankheiten schwach. In der chinesischen Medizin gibt es eine ganze Fachrichtung, die sich mit der Stärkung der Niere beschäftigt, da diese als Sitz unserer vererbten Energie eine zentrale Rolle spielt. Aus diesem Grund sollten Sie eine Schwäche der Nierenenergie sehr ernst nehmen und mit den entsprechenden Anregungen versuchen, eine Besserung zu erzielen.
Ein sehr wichtiger Indikator für die Stärke Ihrer Nierenenergie sind die Farbe und der Zustand Ihrer Haare. Bei frühzeitigem Ergrauen sollte man auf jeden Fall eine Kur mit Knöterich durchführen. Er kann, wie auch moderne Forschungen zeigen, die Farbpigmentbildung wieder aktivieren und die natürliche Farbe Ihrer Haare lange erhalten, manchmal auch zurückbringen.

Vielblütiger Knöterich
(Polygonum multiflorum)

- Verwendeter Teil: die speziell aufbereitete Wurzel (Radix Polygoni multiflori praeparata)

Vielblütiger Knöterich, präparierte Wurzel

- Geschmack: –
- Element: Wasser
- Wirkung auf die Organe: stärkt Niere und Leber
- Medizinische Wirkung: stärkt die Niere, baut Farbpigmente auf, verlangsamt alle Alterungsprozesse
- Anwendung: Tee, Pille
- Tee: pro Tag 1 bis 2 Päckchen Instanttee in heißem oder kaltem Wasser auflösen oder 15 g der Wurzel mit 1 l kaltem Wasser übergießen und auf 0,5 l einkochen; auf 3 Portionen verteilt trinken
- Pille: nach Anleitung des Herstellers
- Dauer: kann lange Zeit eingenommen werden

Feng-Shui

Der Begriff setzt sich aus den beiden chinesischen Wörtern feng für Wind und shui für Wasser zusammen. „Wind und Wasser" ist die uralte Weisheit, seine Wohnung und seinen Arbeitsplatz so zu wählen, dass sie sicher vor Naturkatastrophen sind und auf der anderen Seite ein energiereiches und glückliches Leben ermöglichen. Entstanden ist diese Lehre vor Tausenden von Jahren in China, in einer dem Menschen nicht unbedingt immer freundlich gesinnten Natur. Überschwemmungen, Taifune, Erdbeben prägten eine Landschaft, in welcher der Mensch seine Stellung behaupten musste. Das Wissen um sichere Wohn- und Arbeitsplätze war überlebenswichtig. Zuerst war Feng-Shui den Kaisern vorbehalten, die von ihren Hofbeamten die optimalen Räume für die verschiedenen Jahreszeiten errechnen ließen. Ab ca. 100 n. Chr. war es auch dem Volk zugänglich und in der folgenden Zeit wurde Feng-Shui zu einer anerkannten und wichtigen Wissenschaft, wobei sich zwei Richtungen entwickelten.
Die erste Richtung war das Landschafts-Feng-Shui. Bei diesem sucht der Feng-Shui-Berater einen optimalen Standort in der Landschaft, um dem Hauserbauer ein sicheres und glückliches Wohnen zu ermöglichen. Im Idealfall sollte das

Grundstück im Rücken einen sanften Hügel in Form einer Schildkröte aufweisen, zur Linken eine höhere Struktur, den Drachen, und rechts den Tiger, der geduckt auf dem Bogen liegt und durch einen sanften Geländeabfall charakterisiert werden kann.
Nach vorn schließlich sollte der Phönix frei fliegen können, das heißt freie Sicht in die Weite. Ein See oder ein sanft fließendes Gewässer macht den Platz perfekt und sichert seinem Besitzer Reichtum und Glück.
Diese Ratschläge enthalten sehr viel praktische Weisheit; die blumige, oft verschlüsselte Sprache sollte nicht über den tiefen Sinn hinwegtäuschen. Über Missionare, die den langen Weg über die Seidenstraße nach China zurücklegten, gelangten diese Erfahrungen später auch nach Europa, wo sie entscheidenden Einfluss auf die Architektur nahmen. So weisen zum Beispiel die Innenstadt von Mannheim (Einteilung in Planquadrate), viele Park- und Schlossanlagen zahlreiche Feng-Shui-Merkmale auf. Wer auch in der heutigen Zeit des eng bemessenen Platzes die Möglichkeit hat, unter mehreren Grundstücken zu wählen, sollte den Platz für sein Haus nach diesen Gesichtspunkten von einem Feng-Shui-Berater wählen lassen. Feng-Shui wird bis heute in Hongkong, Singapur und Taiwan bei fast allen Neubauten sowie Restaurant- und Geschäftsausstattungen eingesetzt. Das Ursprungsland des Feng-Shui, China, hat seine Anwendung lange Zeit verboten. Interessanterweise haben die mächtigen Männer der Regierung aber

Landschafts-Feng-Shui: die 4 Tiere

Drache und Phönix

Nach Landschafts-Feng-Shui angelegter Tempel

zu allen Zeiten die Dienste von Feng-Shui-Beratern in Anspruch genommen. Mao und auch Deng Xiaoping beispielsweise ließen ihre Regierungs- und Privathäuser nach den Richtlinien des Kompass-Feng-Shui erbauen. Aber mit der zunehmenden Liberalisierung findet auch das Feng-Shui wieder dort seinen Platz, wo es entstanden ist. So wurde der neue Flughafen von Beijing mithilfe eines Feng-Shui-Fachmanns entworfen und gebaut. Die zweite Schule des Feng-Shui entwickelte für die optimale Platzsuche den Feng-Shui-Kompass.

In China entwickelten sich schon sehr früh große Siedlungen. Vor allem in Südchina waren Städte mit mehreren Hunderttausend Einwohnern keine Seltenheit. Auf so engem Raum bestand natürlich nicht die Möglichkeit, das Landschafts-Feng-Shui anzuwenden. Daher entstand dort das sogenannte Kompass-Feng-Shui.

Der Feng-Shui-Kompass ist ein Messinstrument, auf dem für den Fachmann die verschiedensten Messgrößen abzulesen sind: die Himmelsrichtungen, glückliche Richtungen, die Zeit, der Einfluss der 5 Elemente und etliche andere. Im alten China entwickelte jeder Feng-Shui-Meister seinen persönlichen Kompass; daher weisen die verschiedenen Instrumente unterschiedlich viele Ringe auf, mit deren Hilfe die Messungen vorgenommen werden.

Der Kompass ermöglicht es, jedem seinen optimalen Standort für Wohnung und Arbeitsplatz zu errechnen und, was sehr wichtig ist, auch die energetische Anpassung an die Zeit. Eines der wichtigsten Details des Kompasses sind die 8 Zeichen.

Antiker Feng-Shui-Kompass

Moderner Feng-Shui Kompass

Die 8 Zeichen

Jedem Menschen werden aufgrund seiner Geburtszeit 8 Elementzeichen zugeordnet, eine Kombination der 5 Elemente, die seine Energie und Stellung in der Welt bestimmt. Jeweils 2 Elemente zeigen die besonderen Eigenschaften seines Geburtsjahrs, seines Geburtsmonats, seines Geburtstags und seiner Geburtsstunde an. Diese 2 Elemente entstammen einer Reihe von 60 möglichen Zeichen, die der Zeit zugeordnet wurden. So besteht in der Folge auch die Möglichkeit, Maßnahmen zu ergreifen, um die eigene energetische Qualität mit jener der jeweiligen Zeiteinheit zu harmonisieren.

Kompass mit den 60 Zeichen

Die 60 Zeichen

Sie bestehen aus einer Kombination der 10 Himmelsstämme, die die Energie des Himmels anzeigen, mit den 12 Erdzweigen, welche die Energie der Erde charakterisieren, wobei beiden jeweils eine Anordnung der 5 Elemente plus Yin oder Yang zugeordnet ist. Im Volksmund hat man die Erdzweige zum besseren Verständnis mit Tiernamen belegt. Das Bild, das diese zeichnen, weist hohen Wahrheitsgehalt auf, daher möchte ich Ihnen nun zuerst Ihr persönliches Tier vorstellen.

Die 12 Tiere und ihre Charaktereigenschaften

Die Ratte

Die Ratte ist ein sehr geselliger, erfindungsreicher Typ, der nach Anerkennung strebt. Sie versteht es sehr gut, andere für ihre Zwecke einzuspannen und den Erfolg für sich in Anspruch zu nehmen. Mit den Finanzen geht sie äußerst großzügig um, kann aber auch eisern sparen.

Der Büffel

Er ist beständig, kräftig, zuverlässig. Seine berechenbare Art macht ihn zu einem verlässlichen Freund, auf den man immer zählen kann. Die etwas zu bedächtige, oft zu vorsichtige Art macht ihn leider auch etwas langweilig. Durch Fleiß und Sparsamkeit kann er einen guten Lebensstandard erreichen.

Der Tiger

Dieses Zeichen gehört den Mutigen, Unbestechlichen, die sich durch nichts und niemanden von ihrem Weg abbringen lassen. Der übergroße Mut und die angeborene Aggressivität sollten unter Kontrolle gebracht werden, sonst entsteht häufig Selbstüberschätzung. Frauen, die unter diesem Zeichen geboren wurden, sind sehr um ihre Anerkennung in der Gesellschaft bemüht.

Der Hase

Das klassische Familientier fühlt sich am wohlsten im Kreis der Familie oder unter Freunden. Der Hase ist sehr fürsorglich und fühlt sich für alle und alles verantwortlich. Seine Ängstlichkeit kann sich auch in erstaunlichen Mut verwandeln, vor allem wenn es um Gerechtigkeit geht. Der Beruf des Therapeuten ist ihm wie auf den Leib geschrieben.

Halle der 12 Tiere

Der Drache

Er ist ein Mensch, der sehr auf seine äußere Erscheinung achtet und immer auf dem neuesten Stand ist. Seine große, etwas abenteuerliche Fantasie spielt ihm häufig Streiche, sodass er nur schwer auf den Boden der Tatsachen zurückfindet. Drachen planen die tollsten Unternehmungen, sind aber nicht in der Lage, sie zu realisieren. Mit diesen Eigenschaften ist er eher für Berufe wie z. B. Fernsehmoderator, Schauspieler, Sänger oder Astrologe geeignet.

Die Schlange

Als Partner und Geistesverwandte des Drachen besitzt sie viele ähnliche Eigenschaften, diese sind aber eher versteckt vorhanden. Immer am richtigen Platz, wenn es um eigene Vorteile geht, kann sie weit kommen. Ihre Hauptstärke ist es, durch das gezielte Einsetzen von Informationen immer ganz vorn im Geschehen zu stehen. Durch ihre Vorliebe für genaue Analyse und ihren logischen Verstand eignet sie sich besonders als Wissenschaftler.

Das Pferd

Dem Pferd steht man in China mit gemischten Gefühlen gegenüber. Viele gewalttätige Persönlichkeiten der Vergangenheit waren Pferde. Im Jahr des Pferdes geborene Kinder gelten als sehr schwer erziehbar und zu unabhängig. Sie lieben den Wettbewerb, vor allem den sportlichen, und fühlen sich unter ihresgleichen am wohlsten. Das Pferd kommt gern in den Stall zurück, sucht dann aber wieder seine Freiheit. Im Beruf kann es nur in einem guten, gleich gesinnten Team arbeiten.

Die Ziege

Sie ist künstlerisch überaus begabt, neigt aber eher zu handwerklichem Können als zur Schaffung echter Kunstwerke. Ziegen sind unorganisiert und brauchen immer einen Ansporn von außen. Sie lassen sich nicht gern bevormunden, benötigen aber ständig Rat. In einem sozialen Beruf oder einer gemeinnützigen Organisation fühlen sie sich sehr wohl.

Der Affe

Gesprächig, lustig, neugierig sind die Haupteigenschaften des Affen. Er leidet häufig unter dem Vorurteil anderer, die ihn wegen seiner Art nicht für voll nehmen. Er braucht lange, um seinen Weg zu finden, da ihm seine ins Auge gefassten Pläne aus Unsicherheit oft nicht gelingen. Hat er sich dann aber durchgesetzt, kann er viel erreichen.

Der Affe symbolisiert einen der zwölf Erdzweige.

Der Hahn

Ein wirklich stolzes Tier, das sehr viel Wert auf die äußere Erscheinung legt. Das Ansehen in der Gesellschaft ist ihm überaus wichtig und er leidet sehr, wenn er nicht die geforderte Anerkennung erhält. Er kann gut lenken und leiten und besitzt einen guten Geschäftssinn. Die Verantwortung für seine Aufgaben nimmt er überaus ernst und er erreicht oft viel. Seine Eitelkeit lässt ihn für viele Menschen zuerst unangenehm erscheinen.

Der Hund

Der sprichwörtlich treue brave Hund ist ein Zeichen, das Zuverlässigkeit und Wachsamkeit in allen Dingen des Lebens zeigt. Er benötigt ein festes Zuhause, kann aber auch sehr gut improvisieren, wenn es um die Anpassung an neue Lebensverhältnisse geht. Oft ist er etwas ängstlich und konservativ, wenn es sich um Neues handelt. Hat er sich aber überzeugen lassen, besitzt er eine große Begeisterungsfähigkeit und auch genügend Ausdauer, um seine Ziele zu verwirklichen.

Schutzgott des Hundes

Das Schwein

Es liebt sein Zuhause, das Essen und die Gemütlichkeit. Geselligkeit und ein gutes Verhältnis zu den Nachbarn sind für Menschen, die unter diesem Zeichen geboren wurden, typisch. Ihre Schwäche liegt in ihrer Vertrauensseligkeit, die leider oftmals auch kräftig ausgenützt wird. Im Berufsleben sind sie zuverlässige, harte Arbeiter, die ihre Ziele erreichen.

Die Verbindung aus Himmelsstamm und Erdzweig zeigt die jeweils vorherrschende Energie des Jahres, Monats, Tages oder der Stunde an.
Der Ablauf der 60 Zeichen ist immer gleich. Bei den Geburtsjahren finden Sie Ihr Geburtstier und Ihre zugehörigen Zeichen, die Sie sich bitte für die Feng-Shui-Anwendungen merken.

Die 60 Zeichen für die Geburtsjahre 1924 bis 2043

1.	Holz – Wasser – Ratte	1924
2.	Holz – Erde – Büffel	1925
3.	Feuer – Holz – Tiger	1926
4.	Feuer – Holz– Hase	1927
5.	Erde – Erde – Drache	1928
6.	Erde – Feuer – Schlange	1929
7.	Metall – Feuer – Pferd	1930
8.	Metall – Erde – Ziege	1931
9.	Wasser – Metall – Affe	1932
10.	Wasser – Metall – Hahn	1933
11.	Holz – Erde – Hund	1934
12.	Holz – Wasser – Schwein	1935
13.	Feuer – Wasser – Ratte	1936
14.	Feuer – Erde – Büffel	1937
15.	Erde – Holz – Tiger	1938
16.	Erde – Holz – Hase	1939
17.	Metall – Erde – Drache	1940
18.	Metall – Feuer – Schlange	1941
19.	Wasser – Feuer – Pferd	1942
20.	Wasser – Erde – Ziege	1943
21.	Holz – Metall – Affe	1944
22.	Holz – Metall – Hahn	1945
23.	Feuer – Erde – Hund	1946
24.	Feuer – Wasser – Schwein	1947
25.	Erde – Wasser – Ratte	1948
26.	Erde – Erde – Büffel	1949
27.	Metall – Holz – Tiger	1950
28.	Metall – Holz – Hase	1951
29.	Wasser – Erde – Drache	1952
30.	Wasser – Feuer – Schlange	1953
31.	Holz – Feuer – Pferd	1954
32.	Holz – Erde – Ziege	1955
33.	Feuer – Metall – Affe	1956
34.	Feuer – Metall – Hahn	1957
35.	Erde – Erde – Hund	1958
36.	Erde – Wasser – Schwein	1959
37.	Metall – Wasser – Ratte	1960
38.	Metall – Erde – Büffel	1961
39.	Wasser – Holz – Tiger	1962
40.	Wasser – Holz – Hase	1963
41.	Holz – Erde – Drache	1964
42.	Holz – Feuer – Schlange	1965
43.	Feuer – Feuer – Pferd	1966
44.	Feuer – Erde – Ziege	1967
45.	Erde – Metall – Affe	1968
46.	Erde – Metall – Hahn	1969
47.	Metall – Erde – Hund	1970
48.	Metall – Wasser – Schwein	1971
49.	Wasser – Wasser – Ratte	1972
50.	Wasser – Erde – Büffel	1973
51.	Holz – Holz – Tiger	1974
52.	Holz – Holz – Hase	1975
53.	Feuer – Erde – Drache	1976
54.	Feuer – Feuer – Schlange	1977
55.	Erde – Feuer – Pferd	1978
56.	Erde – Erde – Ziege	1979
57.	Metall – Metall – Affe	1980
58.	Metall – Metall – Hahn	1981
59.	Wasser – Erde – Hund	1982
60.	Wasser – Wasser – Schwein	1983
1.	Holz – Wasser – Ratte	1984
2.	Holz – Erde – Büffel	1985
3.	Feuer – Holz – Tiger	1986
4.	Feuer – Holz – Hase	1987
5.	Erde – Erde – Drache	1988
6.	Erde – Feuer – Schlange	1989
7.	Metall – Feuer – Pferd	1990
8.	Metall – Erde – Ziege	1991
9.	Wasser – Metall – Affe	1992
10.	Wasser – Metall – Hahn	1993
11.	Holz – Erde – Hund	1994
12.	Holz – Wasser – Schwein	1995
13.	Feuer – Wasser – Ratte	1996
14.	Feuer – Erde – Büffel	1997
15.	Erde – Holz – Tiger	1998
16.	Erde – Holz – Hase	1999
17.	Metall – Erde – Drache	2000
18.	Metall – Feuer – Schlange	2001
19.	Wasser – Feuer – Pferd	2002
20.	Wasser – Erde – Ziege	2003
21.	Holz – Metall – Affe	2004
22.	Holz – Metall – Hahn	2005
23.	Feuer – Erde – Hund	2006
24.	Feuer – Wasser – Schwein	2007
25.	Erde – Wasser – Ratte	2008
26.	Erde – Erde – Büffel	2009
27.	Metall – Holz – Tiger	2010
28.	Metall – Holz – Hase	2011
29.	Wasser – Erde – Drache	2012
30.	Wasser – Feuer – Schlange	2013

31. Holz – Feuer – Pferd	2014
32. Holz – Erde – Ziege	2015
33. Feuer – Metall – Affe	2016
34. Feuer – Metall – Hahn	2017
35. Erde – Erde – Hund	2018
36. Erde – Wasser – Schwein	2019
37. Metall – Wasser – Ratte	2020
38. Metall – Erde – Büffel	2021
39. Wasser – Holz – Tiger	2022
40. Wasser – Holz – Hase	2023
41. Holz – Erde – Drache	2024
42. Holz – Feuer – Schlange	2025
43. Feuer – Feuer – Pferd	2026
44. Feuer – Erde – Ziege	2027
45. Erde – Metall – Affe	2028
46. Erde – Metall – Hahn	2029
47. Metall – Erde – Hund	2030
48. Metall – Wasser – Schwein	2031
49. Wasser – Wasser – Ratte	2032
50. Wasser – Erde – Büffel	2033
51. Holz – Holz – Tiger	2034
52. Holz – Holz – Hase	2035
53. Feuer – Erde – Drache	2036
54. Feuer – Feuer – Schlange	2037
55. Erde – Feuer – Pferd	2038
56. Erde – Erde – Ziege	2039
57. Metall – Metall – Affe	2040
58. Metall – Metall – Hahn	2041
59. Wasser – Erde – Hund	2042
60. Wasser – Wasser – Schwein	2043

Astrologischer Kalender

Antike Darstellung eines Drachen

In der Folge beginnt der Zyklus wieder mit dem ersten Zeichen. Für weiter zurückliegende Jahre zählt man vom 60. Zeichen rückwärts, das Jahr 1923 zum Beispiel steht also wieder im Zeichen des Wasser – Wasser – Schweins. Die für unsere Feng-Shui-Maßnahmen relevanten aktuellen Jahre lassen sich leicht ablesen. Das Jahr 2009 zum Beispiel steht im Zeichen des Erde – Erde – Büffels.

Kommen wir nun zur Anwendung wirkungsvoller Feng-Shui-Maßnahmen, die wiederum auf der Lehre der 5 Elemente beruhen: Entnehmen Sie das Zeichen Ihres Geburtsjahres der Tabelle und vergleichen Sie das rechte Element Ihres Elementepaares mit dem entsprechenden Element des aktuellen Jahres. Die Regeln, die für Feng-Shui-Maßnahmen gelten, sind dieselben, die Sie schon gelernt haben: die Mutter-Kind-Regel und die Kontrollregel.

Ein Beispiel

Sie sind im Jahr 1957 geboren. Die Elemente sind Feuer/Metall, Ihr Tierzeichen ist der Hahn.

Feng-Shui-Löwe

Das Element, das wir auswählen, ist immer das rechte Element des Paares, in diesem Fall Metall.

Die Elemente des Jahres 2009 sind Erde/Erde, das Tier ist der Büffel. Das Element, das wir für die Beurteilung auswählen, ist wieder das rechte, in diesem Fall Erde.

Nach dem Elementekreislauf und der Mutter-Kind-Regel ist Erde die Mutter von Metall. Das bedeutet, dass das Jahr 2009 Ihre „Mutter" ist und Sie ein sehr gutes Jahr erwarten dürfen.

Anwendung: Die Mutter von Erde ist Feuer, wählen Sie also Feuermaßnahmen, um die Energie des Jahres zu fördern.

In der folgenden Tabelle finden Sie alle sinnvollen Möglichkeiten, die Energie des betreffenden Jahres zu fördern, wobei diese nicht immer auf die Mutter-Kind-Regel zurückzuführen sind:

Jahr	2009 Erde	2010 Holz	2011 Holz	2012 Erde	2013 Feuer	2014 Feuer	2015 Erde	2016 Metall	2017 Metall	2018 Erde	2019 Wasser
Ihr Element: Holz Anwendung	Metall	Wasser	Wasser	Metall	Wasser	Wasser	Metall	Feuer	Feuer	Metall	Metall
Ihr Element: Feuer Anwendung	Feuer	Wasser	Wasser	Holz	Holz	Holz	Holz	Holz	Holz	Holz	Holz
Ihr Element: Erde Anwendung	Feuer	Feuer	Feuer	Feuer	Holz	Holz	Feuer	Feuer	Feuer	Feuer	Metall
Ihr Element: Metall Anwendung	Feuer	Erde	Erde	Feuer	Erde	Erde	Feuer	Erde	Erde	Feuer	Erde
Ihr Element: Wasser Anwendung	Metall	Metall	Metall	Metall	Holz	Holz	Metall	Erde	Erde	Metall	Metall

Die Anwendung im Raum

Teilen Sie einen beliebigen Raum Ihrer Wohnung, bevorzugt das Wohnzimmer oder Ihr Arbeitszimmer, mit einem Maßband möglichst exakt in 9 gleiche Teile ein und markieren Sie diese mit einem Klebeband oder einer Schnur. Legen Sie nun mit einem handelsüblichen Kompass die Himmelsrichtungen fest und übertragen Sie sie auf Ihre 9 Teile. Beginnen Sie am besten mit den Haupthimmelsrichtungen Nord, Süd, Ost, West und fügen Sie dann die Nebenhimmelsrichtungen Nordwest, Nordost, Südwest, Südost dazwischen ein, siehe Abbildung. Die Mitte bleibt dabei frei.

Die 9 Felder

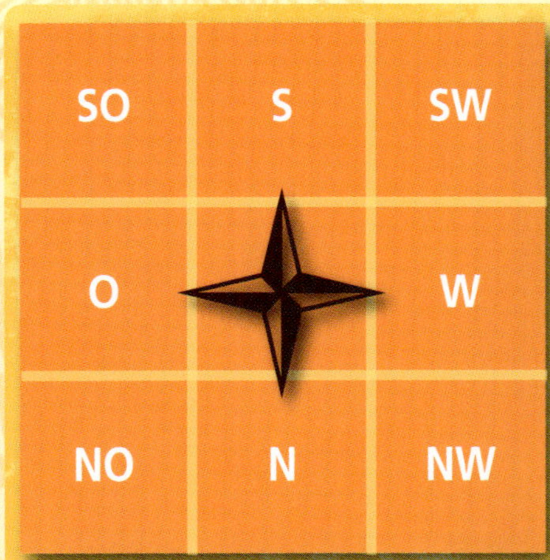

Die 9 Felder mit den Himmelsrichtungen

Diese Himmelsrichtungen sind den 5 Elementen zugeordnet

Richtung	Süden	Südwesten	Westen	Nordwesten	Norden	Nordosten	Osten	Südosten
Element	Feuer	Erde	Metall	Metall	Wasser	Erde	Holz	Holz

Bereits der Tabelle auf Seite 26 konnten Sie die Zuordnung der Elemente zu den Hauptthimmelsrichtungen entnehmen, in der Tabelle oben nun die komplette Ordnung.
Jedem der 8 äußeren Teile ist nun eine Richtung und damit auch eines der 5 Elemente zugeteilt. Der Mitte ist das Element Erde zugeordnet.

SO Holz	S Feuer	SW Erde
O Holz		W Metall
NO Erde	N Wasser	NW Metall

Die 9 Felder und ihre Elemente

Element Holz

In den 9 Teilen oder Feldern werden nun je nach dem Element, das Sie für das entsprechende Jahr benötigen (siehe Tabellen Seiten 77, 80), Hilfsmittel dekoriert. Die Hilfsmittel zur Raumbehandlung sind die folgenden:

Holz: Säulen, Pflanzen, grüne Objekte

Bitte stellen Sie im östlichen oder südöstlichen Feld zum Beispiel eine Säule, eine Grünpflanze oder ein grünes Objekt auf.

Element Feuer

Feuer: spitze Objekte, die Farbe Rot, Kerzenlicht

Verändern Sie bitte im südlichen Feld Ihrer 9 Felder die Dekoration und fügen Sie Objekte aus der oben genannten Auswahl hinzu, zum Beispiel häufiges Kerzenlicht oder rote Pflanzen, Objekte, die an Feuer erinnern, etwa Gemälde mit roten Farben.

Erde: Bergkristall, Steine, braune, flache Objekte, Terrakotta

In diesem Fall kommt die Dekoration in das Feld im Südwesten und/oder Nordosten.

Element Erde

Element Metall

Die fliegenden Sterne bis 2019

9	2009
8	2010
7	2011
6	2012
5	2013
4	2014
3	2015
2	2016
1	2017
9	2018
8	2019

Metall: runde Objekte, Windspiel aus Metall, Metalldekoration, Münzen

Setzen Sie die Gegenstände in das westliche und/oder nordwestliche Feld Ihrer 9 Felder.

Wasser: Wasserspiel, Zimmerbrunnen

Errichten Sie im nördlichen Feld ein Wasserspiel wie zum Beispiel einen Zimmerbrunnen.

Mit diesen Maßnahmen unterstützen Sie das energetische Zusammenspiel zwischen Ihrem Geburtselement und dem jeweils vorherrschenden Element des entsprechenden Jahres. Bitte beachten Sie, dass Sie die Dekorationen nach Ablauf des Jahres wieder entfernen und entsprechend neu anordnen müssen. Das chinesische Jahr endet ungefähr Ende Januar. Diese Feng-Shui-Maßnahme ist sehr wirksam und kann natürlich durch eine ausführliche fachliche Beratung ergänzt werden.

Element Wasser

Die fliegenden Sterne

Der Legende nach stieg vor 4000 Jahren eine Schildkröte aus dem Gelben Fluss, deren Panzer 9 Felder aufwies, in denen Zahlen angeordnet waren.
Die Zahlen folgen einem bestimmten Ablauf und „fliegen" durch die 9 Felder.

Dieser Flug durch die 9 Felder lässt sich mit den Himmelsrichtungen, dem aktuellen Jahr und den 5 Elementen verbinden. Die Reihe der Jahre und ihrer Zahlen setzt sich endlos fort:

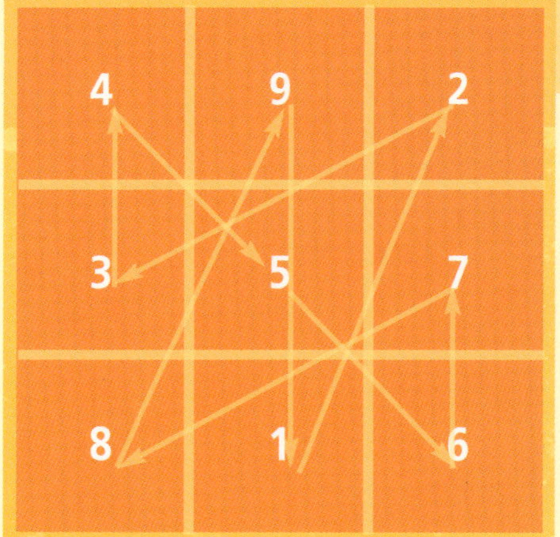

Die ursprünglichen fliegenden Sterne

Nach Überzeugung der alten Weisen ist der Flug der Zahlen in den 9 Feldern ein verschlüsselter Code, der den Lauf der Energie im Kosmos und auf der Erde darstellt. Die Zahl, die in der Mitte steht, ist die Zahl für das jeweilige Jahr, den Monat oder den Tag. So lässt sich der Lauf der Energie auch für eine bestimmte Zeit errechnen und mithilfe der Elementelehre analysieren und

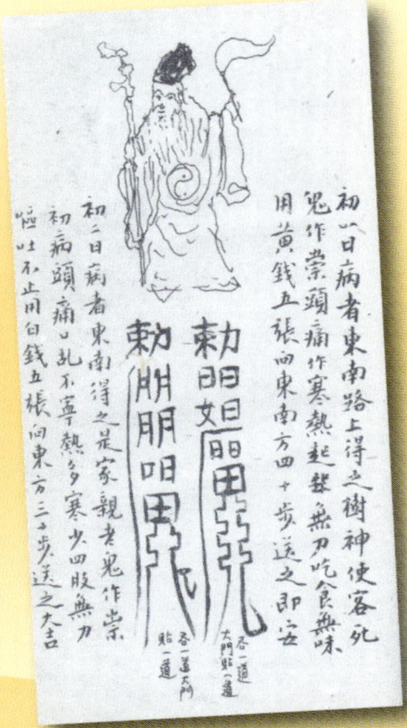

Glückszeichen für den Jahreslauf

verbessern. Den einzelnen Zahlen sind Elemente zugeordnet und sie stehen für die folgenden Wirkungen:

Die fliegenden Sterne und ihre Bedeutung

9	Feuer	sozialer Stand, Erfolg und Ruhm
2	Erde	Ehe, Partnerschaft
6	Metall	Kinder, Kreativität
7	Metall	Freunde, Mentoren
1	Wasser	Karriere
8	Erde	Wissen, Intellekt
3	Holz	Familie, Gesundheit
4	Holz	Reichtum

Die Zahl 5 mit dem zugeordneten Element Erde wird als Unheil bringend angesehen.
Auch die Jahre besitzen die Qualität und Eigenart ihrer Zahl. So wird das Jahr 2009 nach der Zahl 9 ein Jahr, das sehr viele soziale Veränderungen, Erfolg und Ruhm bringen kann.

Die fliegenden Sterne für 2009

Wir lernen nun eine einfache Methode der Energieverbesserung für den Raum und die jeweilige Zeit: Man setzt die Zahl des entsprechenden Jahres in die Mitte des 9er-Feldes, für 2009 also 9, dann die 1 ins untere rechte Feld, dann die 2 darüber, die 3 kommt ins untere linke Feld, die 4 ins obere mittlere, die 5 ins untere mittlere Feld, dann die 6 ins obere rechte, die 7 ins mittlere linke Feld und schließlich die 8 ins obere linke Feld. Die Zahlen folgen immer der Anordnung auf Seite 80 (unten) und bedeuten den Flug der Energie durch die entsprechenden Himmelsrichtungen und die Elemente.
Nun haben Sie den Lauf der Energie durch den Raum in dieser bestimmten Zeit. Jetzt können Sie den Zahlen wie oben beschrieben die verschiedenen Elemente zuordnen.
Mit der bereits erlernten Mutter-Kind-Regel können Sie jetzt gezielt bestimmte Bereiche eines Raums energetisch verbessern. Sie sollten aber niemals die 5, die dem Element Erde zugehört, verbessern!
Hier zwei Beispiele: Sitzt die 3 in einem Feld, gehört diese Raumenergie zum Element Holz, dieser Raumbereich fördert die Familie und die Gesundheit. Möchten Sie diesen Bereich Ihres Lebens stärken, so verwenden Sie die folgende Methode: Das Element Holz hat als Mutter Wasser, Sie können dieses Element also durch den Einsatz von Wasser stärken. Stellen Sie in diesem Bereich des Raums eine Schale mit Wasser auf und wechseln Sie dieses regelmäßig. Wasser für Feng-Shui-Maßnahmen sollte immer frisch gehalten werden. Möchten Sie Ihre finanziellen Verhältnisse verbessern, suchen Sie das Feld mit der Zahl 4. Stellen Sie in diesem Bereich Wasser auf, am besten einen Zimmerspringbrunnen.
Diese Feng-Shui-Maßnahmen sind sehr wirksam, da sie den Veränderungen der Zeit Rechnung tragen und dem aktuellen Lauf der Energie folgen.

8	4	6
7	9	2
3	5	1

Die fliegenden Sterne für das Jahr 2009

Schildkröte

Bewegung

Der Begriff Kung-Fu

Wörtlich bedeutet Kung-Fu (chinesisch gongfu) „erlernte Praxis" und hat zunächst mit Kampfkunst nichts zu tun. Man kann gongfu in den unterschiedlichsten Künsten sein, das heißt einfach, man beherrscht ein gewisses Gebiet aufgrund von viel Praxis. Außerhalb Chinas wird der Begriff als Synonym für Kampfkunst verwendet, die man in China allgemein mit dem Begriff Wushu oder mit den Namen der einzelnen Formen bezeichnet.

Ziel des Kung-Fu im Kampfsport ist es, Körper und Geist zu trainieren, Selbstvertrauen durch körperliche Stärke zu entwickeln und zu erlernen, seine Angst vor den körperlichen und geistigen Beschränkungen, die jeder Mensch in sich trägt, zu überwinden.

Jede Übung muss mit größtem Einsatz und mit Genauigkeit langsam erlernt werden. Durch äußerste Genauigkeit in den kleinsten Bewegungen schulen wir auch unseren Geist und erreichen so eine bessere Kontrolle über unseren Körper. Bei der Entwicklung von Qi durch Körperübungen wird hauptsächlich das Qi von Milz und Magen gestärkt, die beide dem Element Erde zugeordnet werden. Wir haben gelernt, dass die Muskulatur auch dem Element Erde angehört; diese wird somit auch gestärkt. Das Element Erde wird als Mutter oder die Mitte allen Lebens betrachtet, somit haben alle Körperübungen eine stärkende Wirkung auf die Mitte oder die Mutter alles Lebendigen. Sie führen zum besseren Fluss des Qi im Milz-Magen-Bereich, dadurch auch zu besserer Verdauung und Versorgung des Körpers mit Nährstoffen und damit zu einem stärkeren Qi-Fluss im gesamten Körper. Alle Elemente profitieren somit von Körperübungen.

Nach langem körperlichem Training, das zu einem harmonischen und kraftvollen Fluss der Körperenergie führt, wird die Praxis mit inneren Übungen, zum Beispiel mit Qigong oder Meditation, fortgeführt.

Ziel des Zen-Buddhismus ist die Erleuchtung im täglichen Leben, das heißt höchste Bewusstheit im Umgang mit allem Lebendigen. Kampfkunst in höchster Vollendung dient hier als Mittel zur Vermeidung jeglicher aggressiven Handlung.

Qigong

Qigong bedeutet „Praxis des Qi". Durch die unterschiedlichsten Übungen, von denen es mehrere Hundert gibt, erlernt man die Steuerung, Verbesserung und auch Mehrung der körpereigenen Energie. Man unterscheidet stilles Qigong, bei dem man durch Atmung und Konzentration Energie in bestimmte Bahnen lenkt, und Qigong mit Bewegung, bei dem körperliche Aktivität in Verbindung mit Atmung und Konzentration die Energie im Körper leitet. Qigongübungen sollten mit Bedacht ausgewählt und möglichst unter Anleitung eines erfahrenen Meisters, der seine Kunst in China erlernt hat, praktiziert werden. Eine ganze Reihe von Übungen wurde jedoch als Volksübungen entwickelt und kann von jedermann leicht erlernt werden. Am besten eignet sich die Übungsreihe der 6 Töne für den Einsatz ohne Lehrer.

Das 6-Töne-Qigong

Die Übungen führen zu einem verbesserten Energiefluss in den entsprechenden Organen und harmonisieren die 5 Elemente. Bei permanenter Anwendung erreicht man eine bessere Gesundheit und ein ausgeglichenes Wesen; schädliche Emotionen wie zum Beispiel Zorn, Ärger oder Sorgen werden abgebaut.

Ursprung und Geschichte

Die erste Erwähnung des 6-Töne-Qigong findet sich in dem vor 1500 Jahren vom Taoisten Tao Hongjin verfassten Werk „Gesundheit und Lebensverlängerung": „Die Töne heilen die verschiedensten Krankheiten und helfen, Stress abzubauen", schrieb er. Später tauchte das 6-Töne-Qigong in vielen verschiedenen Gesundheitsbüchern auf. Es fand auch seinen Weg ins Shaolinkloster, dessen Kampfkunstausbilder Chun Nian meinte: „Die 6 Töne sind in der Lage, das Leben zu verlängern, und sie können viele Krankheiten verhindern, sie sind somit eine exzellente Methode zur Gesunderhaltung."

Das 6-Töne-Qigong kann auf zwei verschiedene Arten ausgeführt werden: in Ruhe im Liegen oder mit Bewegung.

Das 6-Töne-Qigong im Liegen

Das 6-Töne-Qigong im Liegen kann von jedermann leicht durchgeführt werden und eignet sich für jeden Gesundheitszustand. Nicht üben sollte man direkt nach dem Essen, bei unklaren Beschwerden, bei Infektionskrankheiten, nach dem Genuss von Alkohol und in der Schwangerschaft. Im Zweifelsfall fragen Sie bitte einen Qigonglehrer.

Durchführung: Atmen Sie während der Übungen durch die Nase ein und aus. Forcieren Sie bitte nichts und entspannen Sie sich vor den Übungen. Sie können den Energiefluss in Ihrem Körper erst dann spüren, wenn Sie völlig entspannt üben. Jede Übung kann einzeln durchgeführt werden. Möchten Sie mehrere Übungen machen, sollten Sie immer dem vorgestellten Ablauf folgen. Wenn Sie zum Beispiel mit Übung 3 beginnen, sollten Sie Übung 4, 5 oder 6 folgen lassen. Fahren Sie in diesem Fall nicht mit Übung 2 oder 1 fort! Die beste harmonisierende Wirkung auf Körper und Geist erhalten Sie jeweils mit der Durchführung der gesamten Reihe. Der zugehörige Ton wird nur beim Ausatmen artikuliert, gleichzeitig stellt man sich den beschriebenen Energiefluss vor.

Grundstellung: Legen Sie sich auf die rechte Seite, die linke Hand ruht auf der Hüfte, die rechte liegt neben dem Kopf. Schließen Sie Ihre Augen. Ihre Zunge legen Sie locker hinter Ihre oberen Schneidezähne. Atmen Sie ruhig durch die Nase ein und aus. Beim Einatmen hebt sich Ihr Bauch leicht und beim Ausatmen senkt er sich wieder. Die Atmung soll leicht und gleichmäßig

Der Taoist Tao Hongjin schrieb bereits vor 1500 Jahren seine Anleitungen zur Harmonisierung von Körper und Geist nieder.

sein. Konzentrieren Sie sich auf Ihre Nasenspitze, dann auf Ihr Herz und schließlich auf den Bereich eine Handbreit unterhalb Ihres Nabels.

1) Harmonisierung der Leber oder des Elements Holz

Lösen Sie die Zunge von den Schneidezähnen, atmen Sie ein und artikulieren Sie beim Ausatmen leise „Hsuuuh". Dabei stellen Sie sich einen starken Energiestrom vor, der von den inneren (den übrigen Zehen zugewandten) Nagelwinkeln Ihrer Großzehen über die Innenseite der Beine und den Bauch auf einer Linie mit den Brustwarzen zum Rippenbogen führt. Wiederholen Sie die Übung so lange, bis Sie den Energiestrom spüren können. Dies kann einige Zeit dauern, gelingt aber bei ausdauerndem Üben immer. Sind Sie so weit fortgeschritten, dass Sie den Energiestrom deutlich spüren, können Sie die Übung insgesamt 6-mal durchführen.

Wenn Sie nicht mit einem der nächsten Töne fortfahren, beenden Sie die Übung folgendermaßen: Legen Sie Ihre Zunge wieder hinter die oberen Schneidezähne, führen Sie Ihre Konzentration von unterhalb des Nabels über das Herz zur Nasenspitze zurück und öffnen Sie erst dann die Augen.

Bitte beachten: Der Ton soll so lange artikuliert werden, bis der Energiestrom am Rippenbogen angekommen ist.

2) Harmonisierung des Herzens oder des Elements Feuer

Beginnen Sie mit der Grundstellung, wenn Sie die Übung als einzelne Übung durchführen möchten, ansonsten setzen Sie die Übungsreihe nach dem 6-maligen Artikulieren des Tons „Hsuuuh" direkt fort.

Atmen Sie ein und artikulieren Sie beim Ausatmen leise „Höäääh". Dabei stellen Sie sich einen Energiestrom vor, der von Ihren Achselhöhlen auf der Innenseite der Arme zu den inneren Nagelwinkeln Ihrer kleinen Finger zieht. Sind Sie so weit fortgeschritten, dass Sie den Ener-

giestrom deutlich spüren, können Sie die Übung insgesamt 6-mal durchführen.
Fahren Sie mit einem der folgenden Töne fort oder beenden Sie die Übung wie beschrieben.

3) Harmonisierung der Milz oder des Elements Erde

Beginnen Sie mit der Grundstellung, wenn Sie die Übung als einzelne Übung durchführen möchten, ansonsten setzen Sie die Übungsreihe nach dem 6-maligen Artikulieren des Tons „Hööääh" direkt fort.
Atmen Sie ein und artikulieren Sie beim Ausatmen leise „Hoooh". Dabei stellen Sie sich einen Energiestrom vor, der von den inneren Nagelwinkeln Ihrer Großzehen über die Innenseite der Beine nach oben bis in die Achselhöhlen läuft. Sind Sie so weit fortgeschritten, dass Sie den Energiestrom deutlich spüren, können Sie die Übung insgesamt 6-mal durchführen.
Fahren Sie mit einem der folgenden Töne fort oder beenden Sie die Übung wie beschrieben.

4) Harmonisierung der Lunge oder des Elements Metall

Beginnen Sie mit der Grundstellung, wenn Sie die Übung als einzelne Übung durchführen möchten, ansonsten setzen Sie die Übungsreihe nach dem 6-maligen Artikulieren des Tons „Hoooh" direkt fort.
Atmen Sie ein und artikulieren Sie beim Ausatmen leise „Siiih". Dabei stellen Sie sich einen Energiestrom vor, der von unterhalb der Höhe Ihrer Brustwarzen über die Innenseite der Arme bis zum inneren Nagelwinkel Ihrer Daumen führt. Sind Sie so weit fortgeschritten, dass Sie den Energiestrom deutlich spüren, können Sie die Übung insgesamt 6-mal durchführen.
Fahren Sie mit einem der folgenden Töne fort oder beenden die Übung wie beschrieben.

5) Harmonisierung der Niere oder des Elements Wasser

Beginnen Sie mit der Grundstellung, wenn Sie die Übung als einzelne Übung durchführen möchten, ansonsten setzen Sie die Übungsreihe nach dem 6-maligen Artikulieren des Tons „Siiih" direkt fort.
Atmen Sie ein und artikulieren Sie beim Ausatmen leise „Tschweiii". Dabei stellen Sie sich einen Energiestrom vor, der von der Mitte Ihrer Fußsohlen über die Innenseite Ihrer Beine bis zum inneren Ende Ihrer Schlüsselbeine führt. Sind Sie so weit fortgeschritten, dass Sie den Energiestrom deutlich spüren, können Sie die Übung insgesamt 6-mal durchführen.
Fahren Sie mit dem folgenden Ton fort oder beenden Sie die Übung wie beschrieben.

6) Harmonisierung des 3-fachen Erwärmers oder des Elements Erde

Beim 3-fachen Erwärmer handelt es sich um kein Organ, sondern um einen funktionellen Energiekreislauf, der verschiedene Körperfunktionen miteinander verbindet. Er ist in drei Abschnitte eingeteilt: Der untere Erwärmer verbindet Blasen- und Nierenfunktion, der mittlere Erwärmer die Verdauungsfunktionen und der obere Erwärmer die Funktionen von Lunge und Herz.
Beginnen Sie mit der Grundstellung, wenn Sie die Übung als einzelne Übung durchführen möchten, ansonsten setzen Sie die Übungsreihe nach dem 6-maligen Artikulieren des Tons „Tschweiiih" direkt fort.
Atmen Sie ein und artikulieren Sie beim Ausatmen leise „Hsiiih". Dabei stellen Sie sich einen Energiestrom vor, der von den äußeren Nagelwinkeln Ihrer Ringfinger über die Außenseite Ihrer Arme bis zum äußeren Ende Ihrer Augenbrauen führt. Sind Sie so weit fortgeschritten, dass Sie den Energiestrom deutlich spüren, können Sie die Übung insgesamt 6-mal durchführen.
Beenden Sie die Übung wie beschrieben.

Das 6-Töne-Qigong mit Bewegung

Die zusätzlich zu den Tönen durchgeführten Bewegungen verstärken die Wirkung und führen schneller zum Erfolg als die Ausführung im Liegen.
Grundstellung: Stellen Sie sich mit schulterbreit geöffneten Beinen und leicht gebeugten Knien hin. Der rechte Handrücken liegt in der linken Handfläche auf Höhe des Nabels.

1) Harmonisierung der Leber oder des Elements Holz

Atmen Sie sanft durch die Nase ein und ziehen Sie Ihre Hände mit den Handflächen nach oben zur Hüfte, wobei Ihre kleinen Finger diese berühren. Drehen Sie sich nach rechts und schieben Sie Ihre linke Hand in Schulterhöhe nach vorn. Öffnen Sie nun Ihre Augen weit, atmen Sie aus und artikulieren Sie währenddessen leise „Hsuuuh". Dabei stellen Sie sich einen starken Energiestrom vor, der von den inneren (den übrigen Zehen zugewandten) Nagelwinkeln Ihrer Großzehen über die Innenseite der Beine und den Bauch auf einer Linie mit den Brustwarzen zum Rippenbogen führt. Sobald Sie wieder einatmen, ziehen Sie den linken Arm zur Hüfte zurück, drehen sich nach links, schieben nun Ihre rechte Hand vor und wiederholen die Übung auf der anderen Seite. Insgesamt führen Sie die Übung 3-mal abwechselnd links und rechts durch.

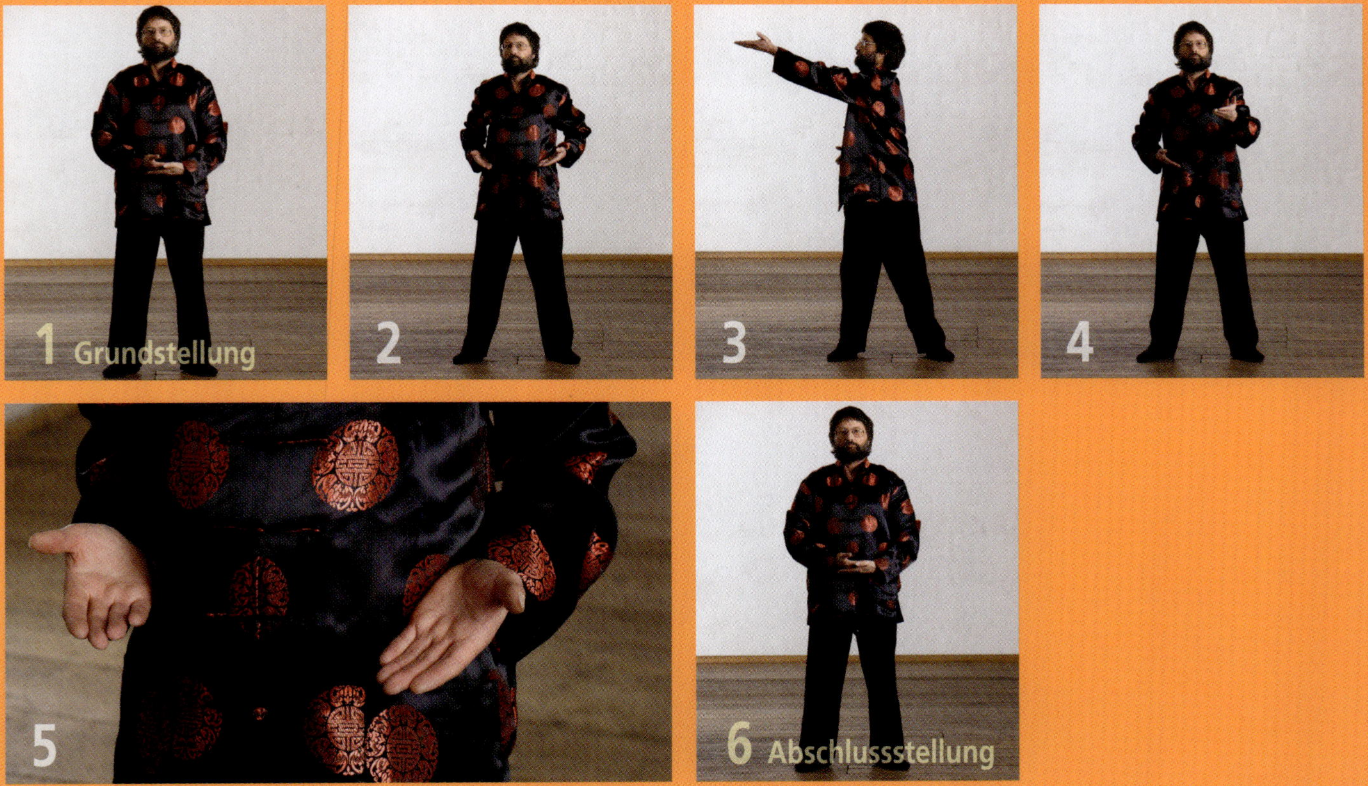

Hinweis: Wenn Sie die Übung separat und nicht als Reihe durchführen, dann sollten Sie mit der Grundstellung (Seite 86) beginnen und mit der Abschlussstellung (Seite 92) enden.

2) Harmonisierung des Herzens oder des Elements Feuer

Setzen Sie die Übungsreihe nach dem 6-maligen Artikulieren des Tons „Hsuuuh" direkt fort.

Schieben Sie nun Ihre Hände nach vorn und unten und senken Sie dabei die Knie etwas ab. Führen Sie die Hände langsam zusammen, sodass sich die kleinen Finger berühren und es aussieht, als ob Sie Wasser in den hohlen Händen halten würden. Nun führen Sie die Hände langsam nach oben, indem Sie Ihre Ellenbogen beugen, und strecken dabei die Knie wieder. Atmen Sie durch die Nase ein und heben Sie beide Ellenbogen so an, dass sich Ihre Handrücken berühren. Senken Sie nun die Arme langsam vor dem Körper bis unterhalb des Nabels ab, Ihre Handrücken bleiben dabei aneinander, und artikulieren Sie beim Ausatmen leise „Höäääh". Dabei stellen Sie sich einen Energiestrom vor, der von Ihren Achselhöhlen auf der Innenseite der Arme zu den inneren Nagelwinkeln Ihrer kleinen Finger zieht. Drehen Sie nun Ihre Hände wieder in die Ausgangsposition, sodass sie eine Wasserschale bilden. Führen Sie die Übung insgesamt 6-mal durch.

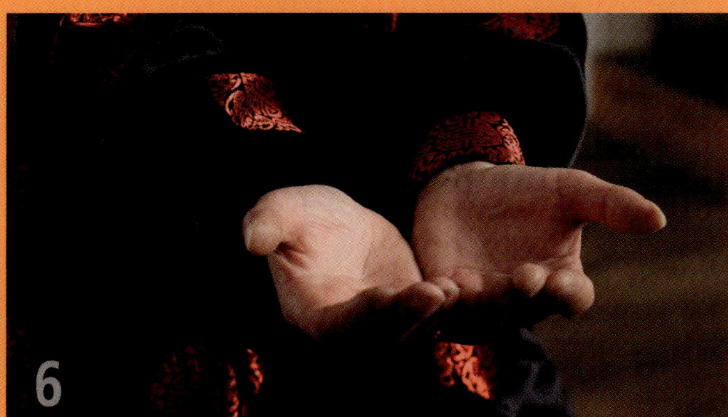

Hinweis: Wenn Sie die Übung separat und nicht als Reihe durchführen, dann sollten Sie mit der Grundstellung (Seite 86) beginnen und mit der Abschlussstellung (Seite 92) enden.

3) Harmonisierung der Milz oder des Elements Erde

Setzen Sie die Übungsreihe nach dem 6-maligen Artikulieren des Tons „Höäääh" direkt fort.

Halten Sie beide Hände 10 cm vor dem Nabel, Handflächen zum Nabel gerichtet. Atmen Sie ein und artikulieren Sie beim Ausatmen leise „Hoooh". Bewegen Sie gleichzeitig Ihre Hände vom Nabel weg und gehen Sie etwas in die Knie. Dabei stellen Sie sich einen Energiestrom vor, der von den inneren Nagelwinkeln Ihrer Großzehen über die Innenseite der Beine nach oben bis in die Achselhöhlen läuft. Atmen Sie wieder ein und führen Sie die Hände wieder bis 10 cm an den Nabel heran. Strecken Sie dabei die Knie wieder. Führen Sie die Übung insgesamt 6-mal durch.

1 Grundstellung

2

3

4

5 Abschlussstellung

Hinweis: Wenn Sie die Übung separat und nicht als Reihe durchführen, dann sollten Sie mit der Grundstellung (Seite 86) beginnen und mit der Abschlussstellung (Seite 92) enden.

4) Harmonisierung der Lunge oder des Elements Metall

Setzen Sie die Übungsreihe nach dem 6-maligen Artikulieren des Tons „Hoooh" direkt fort.

Führen Sie Ihre Hände nach oben bis zur Brust und drehen Sie die Handflächen nach außen, die Fingerspitzen zeigen jetzt nach oben. Schieben Sie nun die Handflächen nach vorn vom Körper weg und atmen Sie dabei aus, gleichzeitig artikulieren Sie leise „Siiih". Dabei stellen Sie sich einen Energiestrom vor, der von unterhalb in Höhe Ihrer Brustwarzen über die Innenseite der Arme bis zum inneren Nagelwinkel Ihrer Daumen führt. Drehen Sie dann die Handflächen zum Körper, sodass die Fingerspitzen zueinanderzeigen, und führen Sie sie zur Brust zurück. Führen Sie die Übung insgesamt 6-mal durch.

Hinweis: Wenn Sie die Übung separat und nicht als Reihe durchführen, dann sollten Sie mit der Grundstellung (Seite 86) beginnen und mit der Abschlussstellung (Seite 92) enden.

5) Harmonisierung der Niere oder des Elements Wasser

Setzen Sie die Übungsreihe nach dem 6-maligen Artikulieren des Tons „Siiih" direkt fort.

Strecken Sie Ihre Hände mit den Handflächen zum Boden nach vorn aus. Bewegen Sie sie nun in einem Bogen zum Rücken, wo Sie sie, so hoch Sie können, fest anlegen und Fäuste bilden, bei denen die Handflächen nach außen zeigen.

Atmen Sie nun aus und senken Sie die Fäuste am Rücken so tief wie möglich ab, dabei artikulieren Sie leise „Tschweiih". Gleichzeitig stellen Sie sich einen Energiestrom vor, der von der Mitte Ihrer Fußsohlen über die Innenseite Ihrer Beine bis zum inneren Ende Ihrer Schlüsselbeine führt. Heben Sie dann Ihre Fäuste wieder an und führen Sie die Übung insgesamt 6-mal durch.

Hinweis: Wenn Sie die Übung separat und nicht als Reihe durchführen, dann sollten Sie mit der Grundstellung (Seite 86) beginnen und mit der Abschlussstellung (Seite 92) enden.

6) Harmonisierung des 3-fachen Erwärmers oder des Elements Erde

Setzen Sie die Übungsreihe nach dem 6-maligen Artikulieren des Tons „Tschweiih" direkt fort. Legen Sie Ihre Handrücken mit den Fingerspitzen nach unten vor dem Körper aneinander. Nun bewegen Sie die Arme nach oben und zur Seite, die Handflächen zeigen jetzt nach oben. Drehen Sie die Handflächen nach unten und winkeln Sie die Arme so an, dass die Fingerspitzen vor der Brust zueinanderzeigen.

Drücken Sie die Hände nach unten, atmen Sie dabei aus und artikulieren Sie gleichzeitig leise „Siih". Dabei stellen Sie sich einen Energiestrom vor, der von den äußeren Nagelwinkeln Ihrer Ringfinger über die Außenseite Ihrer Arme bis zum äußeren Ende Ihrer Augenbrauen führt. Heben Sie anschließend die Arme wieder, wobei Sie die Handrücken wie am Anfang aneinanderlegen, und führen Sie die Übung insgesamt 6-mal durch.

Hinweis: Wenn Sie die Übung separat und nicht als Reihe durchführen, dann sollten Sie mit der Grundstellung (Seite 86) beginnen und mit der Abschlussstellung (Seite 92) enden.

Abschluss: Führen Sie die Hände unterhalb des Nabels zusammen. Der rechte Handrücken liegt in der linken Handfläche. Atmen Sie ruhig weiter und gehen Sie langsam einige Minuten umher.

Die Übungsreihe kann 2-mal pro Tag praktiziert werden und sollte im Gegensatz zum 6-Töne-Qigong im Liegen stets komplett durchgeführt werden. Am wichtigsten ist nicht die Exaktheit der Bewegungen, sondern die Ruhe, die Sie bei den Übungen empfinden sollten.

5 Wochen Training in China

Durch die jahrelange Beschäftigung mit Kampfkunst und die Begeisterung für das chinesische Kung-Fu entstand bei mir nach 17 Jahren Abstinenz der Wunsch, wieder einmal nach China zu reisen und dort originales Kung-Fu zu erlernen. Es war für mich klar, dass ich an die Wiege der Kampfkunst reisen wollte, zum berühmten Shaolinkloster. In dessen Nähe werden auch heute noch die meisten Kung-Fu-Schüler Chinas ausgebildet – zurzeit etwa 15 000. Eine Schule zu finden erwies sich als überaus schwierig; die Erlebnisberichte von Ausländern, die dort Kung-Fu studiert hatten, waren sehr ernüchternd und damit alles andere als motivierend: schlechte Luft, schlechtes Essen, primitive Wohnverhältnisse und ein Training, das die meisten nach einer Woche aufgeben mussten, weil sie die Muskelschmerzen nicht mehr ertragen konnten. Schließlich entdeckte ich doch eine Schule, die einen Dolmetscher und Privattraining anbot. Also frisch gewagt, dachten meine Partnerin Barbara und ich und machten uns auf die weite Reise nach China.

Nach 12 Stunden Flug, der sehr stürmisch verlief, landeten wir bei denkbar schlechtem Wetter endlich am Flughafen von Zhengzhou, der Hauptstadt der Provinz Henan. Eine Temperatur um die

Kung-Fu-Schule

35 °C und eine Luftfeuchtigkeit wie nach einem Saunaaufguss verhießen uns nichts Gutes. Tatsächlich erwartete uns wie vereinbart unser Dolmetscher und „organisierte" sofort ein Taxi für die zweistündige Weiterfahrt. Dies erwies sich als sehr lustiges Unternehmen, da sein Freund, der Taxifahrer, ein Fahrzeug fuhr, das er wohl selbst auf Erdgasantrieb umgebaut hatte und das leider über keinen Kofferraum mehr verfügte. Nach langen Diskussionen – wie in China üblich – wurden wir mitsamt unseren großen Koffern in das Auto, einen ca. 25 Jahre alten VW Santana, gequetscht. Die Straßen waren sehr gut ausgebaut, und sofort stellte sich eine Art Mittelmeerfeeling ein, da nach kurzer Fahrstrecke schon die ersten Mautstellen auftauchten. Unser Dolmetscher klärte uns auf, dass jede neue Straße kostenpflichtig sei. Das Autofahren ist in China damit sehr teuer und mit einem Preis von 65 Yuan pro Liter Benzin, umgerechnet 66 Eurocent, für die meisten Chinesen unerschwinglich. Auf den Straßen sieht man sehr viele, teils motorisierte Zweiräder, in den größeren Städten auch schon Elektrofahrzeuge, da die Regierung wegen der hohen Luftverschmutzung demnächst Benzinzweiräder verbieten wird. Nach schweißtreibender und beengter Fahrt kamen wird schließlich total erschöpft in Dengfeng, einer kleinen Stadt der Provinz Henan, an. Unsere Schule lag am Stadtrand und machte auf den ersten Blick einen heruntergekommenen Eindruck.

Der Dolmetscher erklärte uns, dass die Zahl der Kung-Fu-Schüler in den letzten Jahren sehr stark zurückgegangen sei und von den ursprünglich 100 Schulen in der Stadt nur noch 40 übrig seien. Unsere Schule habe im letzten Jahr 300 Schüler verloren und aufgrunddessen große finanzielle Probleme. Wir erhielten ein geräumiges Zimmer mit Klimaanlage und einem separaten Bad mit fließend Warmwasser. Nach einem Tag Eingewöhnung sollte es mit dem Training losgehen. Unser Trainer, ein junger Chinese, wurde uns als bester Schüler der bekannten Tagou-Schule vorgestellt. Diese hat heute noch 7000, Schüler ihr entstammen auch die Kung-Fu-Akteure, die bei den Eröffnungsfeierlichkeiten für die Olympischen Spiele 2008 zu sehen waren. Wir begannen mit einem Lauftraining in einer alten Turnhalle bei einer Temperatur von ca. 40 °C, die Luft wurde durch einige Ventilatoren etwas bewegt. Nach 20 Minuten lockerem Joggen folgten drei Runden Spurt und

Unser Trainer Wang Hao Ju

Trainer beim Xiao Hong Quan

dann einige Minuten Pause. Ich war bereits jetzt, am Anfang des Trainings, schweißgebadet und kam mit dem Trinken kaum noch nach. Das anschließende Dehnen der Oberschenkelmuskulatur führte zu wahren Sturzbächen an Schweiß. Danach ging es gnadenlos weiter. Nun wurden die Grundstellungen des Kung-Fu geübt. Erst der Gongbu, der Bogenstand, dann, nach langem Wechseln von einer Seite auf die andere, der für uns schwierigste Stand, der Pubu oder Hockstand. Wir quälten uns und erreichten nicht annähernd die Stellung, die uns der Trainer vorführte. Als Krönung des Aufwärmens folgte nun der Mabu oder Pferdestand mit der Stoppuhr. Dieser ist sehr anspruchsvoll, da man mit gebeugten Oberschenkeln wie auf einem Sattel stehen muss. Unser Trainer führte uns dann seine Kicks, das sind Fußtritte nach oben, vor, die explosionsartig entstanden und auf Höhe seiner Stirn endeten. Nun begann die wirklich harte Zeit des Trainings.

15 Minuten Kicks nach oben und zur Seite ließen uns unser Unvermögen und den Zustand unseres Körpers deutlich erkennen. Nach kurzer Pause ging es mit Vollgas weiter. Wir lernten nun die erste Shaolinform, die kleine Rotfaust. Es handelt sich um eine Anfängerform, die als Mutter aller Formen des Shaolin-Kung-Fu gilt. Sie besteht aus 54 verschiedenen Einzelformen und darf bei Wettbewerbsbedingungen eine Dauer von 80 Sekunden nicht überschreiten. Die Demonstration des Xiao Hong Quan, wie die kleine Rotfaust auf Chinesisch heißt, war phänomenal. Kraft und Eleganz unseres Trainers beeindruckten uns schwer.

Als Anfänger sieht man dagegen sehr plump und energielos aus. Das Studium der Einzelformen kostete uns sehr viel Kraft, und wir waren erleichtert, als wir die ersten zwei Stunden des täglich vier Stunden umfassenden Trainings durchgestanden hatten. Jetzt schnell zum Duschen und dann zum Mittagessen in die „Kantine". Die Essensausgabe würde für uns nach dem harten Training wie eine Belohnung sein. Der Hunger war riesengroß.

Dort, in einer Wellblechbaracke, herrschte bereits Hochbetrieb. Fast alle Tische waren von Jungen und – wenigen – Mädchen zwischen 5 und 17 Jahren besetzt. Wir erfuhren, dass in dieser Kantine das etwas bessere Essen ausgegeben wurde und dass alle Kinder, die hier essen durften, Vollwaisen waren und von der Schule kostenlos ausgebildet und verpflegt wurden. Das Essen war entgegen den Erfahrungsberichten köstlich! Wir erhielten neben Reis oder Nudeln dreimal am Tag vier verschiedene, hauptsächlich vegetarische Gerichte. Es wurde sehr viel Tofu, Sojabohnenquark, gereicht. Wir waren absolut begeistert von dieser Küche, die allerdings einen stabilen Magen voraus-

Morgentraining

setzte, da sehr scharf gekocht wurde. Nach dem Essen fielen wir auf unsere Betten und schliefen erschöpft ein. Um 15.30 Uhr war das nächste Training angesetzt und wir erwachten mit einem bleiernen Gefühl in den Knochen. Mühevoll schleppten wir uns zur Trainingshalle. Das Training begann sofort wieder mit 20 Minuten Joggen, dem Sprint und dem Dehnen der Oberschenkelmuskeln. Danach wie am Morgen Grundstellungen, Kickübungen und die Fortsetzung der Formen. Nur mit Mühe überstanden wir das zweite Training des Tages und freuten uns auf das Abendessen. Danach genossen wir auf dem Schulgelände, das sehr hübsch bepflanzt war, die warme Sommernacht.
Überall wimmelte es von Schülern, die ihre Freizeit mit Tischtennis oder anderen Spielen verbrachten. Wir waren überrascht, wie viel Energie die Kinder und Jugendlichen nach einem solch harten Trainingstag noch aufbrachten. Die kleineren Kinder spielten ausgelassen Fangen oder exerzierten nochmals ihre Übungen durch. Wir kamen uns uralt vor! Die Schüler hatten zwischen den Kung-Fu-Übungen auch noch normalen Schulunterricht, sie konnten an der Schule einen Pflichtschulabschluss machen. Der Tag begann für sie um 5 Uhr in der Früh mit einem 40 Minuten langen Konditionstraining, dann, nach dem Frühstück, kam der Schulunterricht, und am Nachmittag folgten mehrere Stunden Kung-Fu-Unterricht. Zweimal pro Woche fand zusätzlich ein Nachttraining zur Verbesserung der Augen und der Reflexe statt.
Ein Tag pro Woche war schul- und trainingsfrei, ich hatte allerdings den Eindruck, dass die Schüler diesen Tag eher als langweilig empfanden und froh waren, wenn sie wieder trainieren durften. Die Schüler waren perfekt durchtrainiert, jeder Muskel war definiert und alle hatten einen perfekten „Sixpackbauch". Ich schätzte ihren Körperfettgehalt auf unter 10 Prozent!
Am nächsten Morgen, unserem zweiten Tag, ein böses Erwachen! Ich hatte gar nicht gewusst, wie viel Schmerzen man gleichzeitig in einem Körper haben kann. Wir konnten kaum noch gehen und schleppten uns mühsam zum Training. Jetzt hieß es Zähne zusammenbeißen und durch. Unser Trainer hatte keinerlei Mitleid mit uns und wir begannen mit demselben Training wie am Tag zuvor. Nach einigen Runden Joggen ließen die Schmerzen etwas nach und wir hielten durch. Da wir aus Erfahrungsberichten gewusst hatten, wie hart das Training war, hatten wir uns ein Jahr lang mit einem entsprechenden, von uns selbst entwickelten Übungsprogramm vorbereitet. Das zahlte sich jetzt

Auf dem Schulhof

aus, denn ab dem vierten Tag hatten wir keinen Muskelkater mehr und konnten das Training gut durchhalten. Inzwischen hatten wir uns ausgezeichnet eingelebt und fühlten uns in der Schule sehr wohl. Alle waren sehr nett zu uns, die Kinder fassten langsam Vertrauen, und ab und zu hörte man schon ein noch etwas schüchternes „Hello".
Ein kleiner Junge, der wie ein weiser Mönch wirkte, fiel uns durch seine eiserne Disziplin auf.
Wir erfuhren, dass er als Waisenkind mit zwei Jahren in die Schule gekommen war. Er trainierte sehr fleißig und war zum Zeitpunkt unseres Aufenthalts, mit acht Jahren, einer der besten Schüler. Am schulfreien Tag wurde er in die Trainingshalle gerufen, um interessierten Eltern einiges vorzuführen. Wir durften zusehen, und der „kleine Tiger", wie wir ihn getauft hatten, legte los. Eine kurze Phase der Konzentration, dann ging es mit Flickflacks quer durch die Halle. Nach einem doppelten Salto stand er wieder fest auf den Beinen. Anschließend zeigte er eine Shaolinform, die so viel Power hatte, dass wir sprachlos waren. Unglaublich, die Kraft und Eleganz dieses kleinen Kindes.
An unserem ersten freien Tag wollten wir das berühmte Shaolinkloster, das als Wiege des Kung-Fu gilt, besuchen. Es lag nur 7 Kilometer von unserer Schule entfernt. Wir nahmen also den Linienbus, und ich war sehr gespannt, was uns erwartete. Bereits der erste Eindruck, eine riesige Kung-Fu-Figur aus Beton, ließ nichts Gutes ahnen. Das Kloster war ein großer Touristenrummelplatz geworden, der von bis zu 40 000 Menschen täglich besucht wurde. Im Vergleich zu den anderen Klöstern, die wir noch besichtigten, war es sehr klein und eher enttäuschend. Die meisten Gebäude waren Rekonstruktionen.
Der Staat hatte hier eine Einnahmequelle entwickelt, die konsequent ausgeschöpft wurde. Im Kloster lebten noch ca. 60 Mönche, von denen nur etwa 15 als Kampfmönche ausgebildet wurden. Im Anschluss an die Besichtigung wurde noch eine Show angeboten, in der als Mönche verkleidete Kung-Fu-Kämpfer Kunststücke zeigten. Der Inhalt der Vorführung war identisch mit jenen, die weltweit als

Pagodenwald beim Shaolinkloster

Kampfsportladen in Dengfeng

Shaolinshows gezeigt werden: etwas Qigong, Artistik, hartes Qigong und einige Waffenformen.
In der Nähe unserer Schule war ein großes Shaolinzentrum mit Konzerthalle entstanden, in der die Vermarktung in noch größerem Umfang fortgeführt wurde. Einen Besuch dort ersparte ich mir aber, da mich der große Rummel etwas schmerzte. Schönheit und Eleganz des Shaolin-Kung-Fu werden durch diese Shows nicht ausreichend gewürdigt, daher sollte man auch außerhalb Chinas auf den Besuch solcher Veranstaltungen lieber verzichten. Die Schausteller werden in den chinesischen Kung-Fu-Schulen ausgesucht und reisen häufig unter schlechten Arbeitsbedingungen durch die Welt. Wer echtes Shaolin-Kung-Fu sehen will, braucht nur durch die Stadt Dengfeng zu spazieren. Alle Schulen trainieren hier das ganze Jahr im Freien, sodass wir genügend Möglichkeiten hatten, auch außerhalb unserer Schule Schüler beim Training zu beobachten. Dengfeng wird nicht umsonst „Kung Fu City" genannt. An jeder Hausecke wird trainiert und man hört überall die chinesischen Zählworte yi, er, san, si – eins, zwei, drei, vier, die den Übungsrhythmus angeben.
In der Zwischenzeit waren wir körperlich so fit geworden, dass wir unsere Mittagsruhe nicht mehr benötigten und in die Stadt und die nähere Umgebung auf Entdeckungstour gingen. Nur wenige Hundert Meter entfernt lag romantisch am Bergrand situiert ein Kloster, das es in sich hatte. Wir erfuhren, dass es sich um das erste in China gegründete buddhistische Kloster handelte. Alle Tempel und Klöster, die wir besichtigten, waren weitaus interessanter und schöner als das Shaolinkloster.
Hoch im Songshangebirge entdeckten wir versteckt im Wald ein Trainingslager für Kung-Fu-Schüler. Sie lebten unter einfachsten Bedingungen. Im Gespräch erfuhren wir, dass die Temperaturen hier im Winter bis auf –10 °C fielen und sie nur einen einfachen Kohleofen hatten. Die Kinder waren überaus lustig und wirkten sehr ausgeglichen auf mich.
In der zweiten Woche fragte ich die Trainer unserer Schule, ob sie Interesse hätten, uns ihre Kampfkunst zu demonstrieren. Sie waren sofort bereit und trainierten eine Woche für ihre Show. Am Samstag war es dann so weit. Die Trainer beeindruckten uns mit ihren Kampfformen, die akrobatische Einlagen höchster Schwierigkeit enthielten. Jeder der zwölf Lehrer zeigte uns eine waffenlose Form und eine Waffenform. Die Säbel und Schwerter flogen und wirbelten in einer Geschwindigkeit durch die Luft, dass wir große Mühe hatten, sie überhaupt zu erkennen. Die Formen mit dem Stock gefielen uns besonders gut, da sie einen Teil unserer Ausbildung ausmachten. Zum Dank für ihre tolle Show luden wir die Trainer zu einem Abendessen ein. Es wurde kräftig eingekauft und am Abend begann die Party. Die Lehrer erwiesen sich als sehr trinkfest und ein lustiges Trinkspiel nach dem anderen kam auf. Nachdem die Biervorräte in kürzester Zeit vernichtet waren, endete die Party schon nach einer Stunde!
In der letzten Woche begannen wir dann das Training mit dem Kampfstock, der zu den ältesten Waffen des Shaolin-Kung-Fu gehört.
Der Legende nach hat ein Koch, der mit einem langen Stock das Küchenfeuer zu

unterhalten hatte, aus dieser Arbeit die ersten Kampfformen entwickelt. Die Shaolinmönche standen in dem Ruf, ausgezeichnete Kämpfer mit dem Stock zu sein, und die verschiedenen Formen gehören auch heute noch zur Ausbildung.

Wir erlernten die Yin-Hand-Stockform. Zuerst ging unser Trainer mit uns in den Schulladen und wählte die Stöcke für uns aus. Dann maß er die korrekte Länge ab und sägte unsere Stöcke zu. Zum normalen Training kam jetzt das Stocktraining hinzu. Es begann immer mit dem Drehen des Stocks vor dem Körper. Die Schnelligkeit und Eleganz, mit der unser Trainer die Form vorführte, war sehr beeindruckend. Der Stock drehte sich in seinen Händen wie ein Ventilator!

Die restliche Zeit unseres Trainings verging wie im Flug, und am letzten Tag erwartete uns noch eine Überraschung: Unsere Teilnahmebestätigung am Training sollten wir nur dann erhalten, wenn wir eine Prüfung durch den Schulleiter bestanden! Voll Nervosität und Unruhe kamen wir zur Trainingshalle. Doch welch eine Überraschung: Nun nahmen auch noch alle Trainer an der Prüfung teil! Ich begann und war froh, als ich endlich fertig war. Es war schon ein komisches Gefühl, nach nur 5 Wochen Training von hochrangigen Fachleuten geprüft zu werden. Doch es ging alles gut, und wir erhielten unser Zeugnis, auf das wir sehr stolz sind.

Als Resümee kann ich nur begeistert auf das Training zurückblicken. Wer ernstes Interesse an Shaolin-Kung-Fu hat, dem ist ein solches Training nur zu empfehlen. Er muss allerdings die nötige Fitness mitbringen und auch über ein gutes Durchhaltevermögen verfügen. Entsprechende Vorbereitungskurse sowie Kung-Fu-Lehrgänge in China biete ich persönlich an (meine Kontaktdaten finden Sie im Anhang).

Der Autor beim Stocktraining

Eingang zum Kloster Shaolin

Das Kloster Shaolin

Geschichte und Entwicklung

Das Kloster Shaolin wurde 496 n. Chr. von Kaiser Xiaowen im Songshangebirge in der Provinz Henan gegründet. Der Name bedeutet „kleiner Wald", was auf die jungen Bäume, die ringsum wuchsen, hindeutet. Es war ein buddhistisches Kloster, in dem Texte vom indischen Sanskrit ins Chinesische übertragen wurden. Neben ihren täglichen Aufgaben praktizierten die Mönche stundenlange Meditation.

Der Legende nach begab sich ein indischer buddhistischer Mönch namens Bodhidharma in einer mühevollen, jahrelangen Wanderung über den Himalaja nach China. Er soll erst der zweite buddhistische Missionar gewesen sein, der den langen Weg von Indien hierherwagte. Im Jahr 520 n. Chr. kam er in China an. Hier erhielt er sofort eine Audienz bei Kaiser Wudi. Der Kaiser, ein eifriger Verfechter des Buddhismus gegenüber Konfuzianismus und Taoismus, war sehr bemüht, sich durch fleißiges Übersetzen buddhistischer Texte einen Platz im Himmel zu sichern, und wollte den indischen Mönch unbedingt an seinem Hof beschäftigen. Bodhidharma entsprach allerdings wohl nicht den Vorstellungen des Kaisers: Er hatte langes, schütteres, verfilztes Haar und einen starken Vollbart.

Seine Anschauungen über den Buddhismus unterschieden sich beträchtlich von den damals in China üblichen. Er flog vom Hof des Kaisers und gelangte zunächst nach Luoyang zu den berühmten Longmengrotten.
Schließlich kam er ins Shaolinkloster, von wo ihn der damalige erste Abt Bhadra (chinesisch Batuo) ebenfalls aufgrund unterschiedlicher Anschauungen in Glaubensfragen verbannte. Bodhidharma war der Meinung, dass, um Erleuchtung zu erlangen, auch der Körper trainiert werden sollte. Durch das viele Meditieren und den daraus resultierenden Bewegungsmangel waren die Mönche des Klosters schwächlich und starben meist schon mit 30 Jahren. In der Folge zog er sich in eine Höhle oberhalb des Klosters zurück und verbrachte dort neun Jahre in Meditationsübungen, die im Gegensatz zu den Meditationen der Mönche auf indischem Yoga beruhten. In dieser Zeit soll er zahlreiche Wunder vollbracht haben, die die Mönche schließlich überzeugten. So soll durch seine intensive Meditation sein Abbild auf einem Stein entstanden sein. Sie holten ihn ins Kloster zurück und nannten ihn Putidamo oder kurz Damo. Er begründete den Zen- oder Chan-Buddhismus. Man ernannte ihn zum Abt des Klosters und er führte eine Reihe von Änderungen in der täglichen Routine der Mönche ein.
Hauptaufgaben der Mönche waren bisher die Übersetzung indischer Texte ins Chinesische, die täglichen Meditationsübungen sowie Haus- und Gartenarbeit. Als Damo nun seine neuen Meditationsübungen einführte, hatte keiner der Mönche die Energie, sie durchzuhalten. Daraufhin führte er eine Reihe von Körperübungen ein. Er begann mit den 18 sogenannten Lohans. Diese Körperübungen basieren auf indischem Yoga und fördern Atmung und Körperhaltung. Damo entwickelte weitere Übungen, die Ausdauer und Qi der Mönche förderten. Er schrieb zwei Abhandlungen zu diesem Thema, die bis heute erhalten sind, auch die dort Übungen werden immer noch praktiziert.
Aufgrund der Entwicklung der Körperübungen betrachten ihn viele als Begründer des Shaolin-Kung-Fu. Der eigentliche Beginn dieser Tradition dürfte aber eher in das Jahr 610 fallen, als der dritte Abt des Klosters Kampfkunstübungen in die tägliche Routine einfügte. Das unsichere Leben zur damaligen Zeit mit vielen Raubüberfällen und kriegerischen Auseinandersetzungen zwang die Mönche zur Entwicklung wirksamer Methoden der Selbstverteidigung. Der Abt führte auch ein ausführliches Training mit Waffen ein, das er gegen den Widerstand der Obrigkeit durchsetzte. Viele Kampfformen entstanden durch die Beobachtung der Natur bzw. von Wildtieren. Im Lauf der Jahrhunderte entwickelten sich viele verschiedene Kung-Fu-Stile, bis heute etwa 500. In den 1970er-Jahren wurde das Shaolinkloster durch Kung-Fu-Filme berühmt. Auch heute noch werden viele Filme, auch Lehrfilme, im Kloster gedreht. Der heutige Abt des Klosters, Shi Yongxin, bemüht sich sehr um die Erhaltung der Tradition. Er versucht den Namen Shaolin schützen zu lassen und hat begonnen eine Reihe von Büchern herauszugeben, mithilfe derer die Kampfformen systematisch archiviert und erlernbar gemacht werden sollen.

Bodhidharma und Jünger; Wandgemälde im Shaolinkloster

Longmengrotten

In der Provinz Henan versuchen verschiedene Kampfkunstorganisationen Videolehrfilme herzustellen. Hier ist noch viel Arbeit zu leisten, da Qualität und didaktische Fähigkeiten noch verbessert werden sollten. Auch die Kung-Fu-Schule, an der wir trainierten, verfügt nur über ein Lehrwerk, das aus etwa 20 DIN-A5-Seiten besteht! Es bleibt zu hoffen, dass der überaus reiche Erfahrungsschatz, der über Tausende von Jahren entstanden ist, die Zeiten überleben wird, damit er an Schüler weitergegeben werden kann.

Die Power der Kampfmönche

Um ein Missverständnis auszuräumen: Kein Mönch, der im Kloster lebt und trainiert, zeigt sein Können in einer öffentlichen Show. Es handelt sich um Lehrer und Schüler von Kampfsportschulen, die hier ihr Können als Mönche verkleidet darstellen. Die erstaunliche Power und die unerklärlichen Kunststücke sind aber inzwischen Bestandteil aller Kung-Fu-Schulen und können dort ohne Weiteres bestaunt werden. Nach einer Woche Unterricht begegnete uns ein junger Mann, der uns auf Englisch ansprach und uns fragte, ob er uns seine Show zeigen dürfe. Natürlich waren wir sofort interessiert und er ging mit uns in die Trainingshalle. Er konzentrierte sich kurz und zertrümmerte dann zwei gusseiserne Platten auf seinem Kopf! Weiterer Teil seines Repertoires war es, sich auf vier Speerspitzen liegend tragen zu lassen. Die Übungen gehören zum sogenannten harten Qigong und setzen eine lange Übungszeit voraus. Bei der Show im Shaolinkloster kann man etwa beobachten, wie ein Akrobat eine Akupunkturnadel durch eine intakte Glasscheibe treibt und damit einen Ballon zum Platzen bringt.

Übungen aus der Shaolintradition zur Harmonisierung der 5 Elemente

Alle Körperübungen, die ich Ihnen vorstellen möchte, stärken und harmonisieren die 5 Elemente in Ihrem Körper. Die Übungen wirken sehr gut, sollten aber konsequent mindestens 3 Monate täglich durchgeführt werden. Spüren Sie keine positive Veränderung in Ihrem Körper, wie zum Beispiel mehr Energie oder verbesserte Beweglichkeit, sollten Sie die Übung abbrechen und die nächste versuchen. Sie können entweder eine einzelne Übung durchführen oder mehrere.

Die Übungen können von Menschen jedes Alters durchgeführt werden. Wichtig ist aber, die eigene körperliche Verfassung richtig einzuschätzen und sich auf keinen Fall zu übernehmen. Langsam und korrekt ausführen ist wichtiger als zu glänzen!

Bei Krankheiten oder Beschwerden des Bewegungsapparats bitte zuerst einen Therapeuten befragen.

Der Pferdestand Mabu

Wirkung: Verbessert den Energiefluss im ganzen Körper und steigert Kraft und Ausdauer. Stärkt das Qi in allen 5 Elementen und den zugeordneten Organen. Durch die Übung werden Körperblockaden beseitigt und die beiden Energieaspekte Yin und Yang harmonisiert.

Der Pferdestand ist die Grundlage für viele weitere Übungen und sollte ausführlich geübt werden. Im Shaolinkloster müssen Anfänger diesen Stand so lange üben, bis sie ihn 15 Minuten durchhalten können. Zur Kontrolle ihrer Fortschritte bekommen sie Gefäße mit Wasser auf den Kopf, die Schultern und die Oberschenkel gestellt. Verschütten sie nur das Geringste, müssen sie von vorn beginnen. An unserer Kung-Fu-Schule wurde der Pferdestand als „Strafe" eingesetzt. Waren die Kinder beim Essen zu laut, mussten sie diesen Stand einnehmen und mehrere Minuten aushalten. Für uns Anfänger ist er sehr schwer auszuhalten und eine Zeit von anfangs 1 Minute schon ausreichend. In der Folge sollte man langsam auf 5 Minuten steigern.

Ausführung: Messen Sie zuerst die Länge Ihres Innenfußes und nehmen Sie diese mal 3,5. Stellen Sie sich nun mit geschlossenen Beinen auf, die Zehenspitzen zeigen leicht nach außen. Bewegen Sie den linken Fuß nach links und stellen Sie ihn im Abstand des ermittelten Maßes auf den Boden. Beugen Sie dabei die Knie und gehen Sie so nach unten, als ob Sie auf einem Pferd sitzen würden. Beide Arme strecken Sie mit geballten Fäusten waagrecht zur Seite, die Handflächen zeigen nach vorn. Bitte beachten: Der Oberkörper bleibt senkrecht, die Zehenspitzen zeigen nur leicht nach außen und die Oberschenkel stehen fast waagrecht. Verharren Sie in dieser Stellung am Anfang 20 bis 30 Sekunden. Steigern Sie die Übungsdauer mit der Zeit auf 1 bis 5 Minuten.

Der Bogenstand Gongbu

Wirkung: Verbessert die Beweglichkeit von Wirbelsäule, Schultern und Knien. Stärkt den Energiefluss in den Yin-Organen Niere, Leber und Milz/Pankreas.

Ausführung: Sie stehen mit geschlossenen Beinen, die Arme hängen seitlich locker hinunter. Machen Sie nun mit dem linken Fuß einen Schritt nach links, Zehenspitzen nach außen, und folgen Sie mit dem Körper der Bewegung. Hierbei beugen Sie das linke Knie und strecken das rechte Bein. Ballen Sie Ihre Hände zu Fäusten und heben Sie sie auf Hüfthöhe an, die Handflächen zeigen dabei nach oben.

Nun heben Sie das rechte Bein etwas an und stellen den rechten Fuß mit den

Trainer im Mabu

Zehenspitzen nach außen hin, den linken Fuß drehen Sie dabei wieder in die Ausgangsrichtung. Folgen Sie mit dem Körper der Bewegung; beugen Sie jetzt das rechte Knie und strecken Sie dabei das linke Bein. Wiederholen Sie den Seitenwechsel, sooft Sie können. Ihre Fäuste bleiben an der Hüfte.

Bitte beachten: Der Oberkörper sollte immer senkrecht sein, die Höhe des Standes hängt von Ihrer Beweglichkeit ab. Beginnen Sie langsam und senken Sie Ihr Knie mit der Zeit immer tiefer ab, bis Ihr Oberschenkel waagrecht zum Boden steht.

Trainer im Gongbu

Wechsel von Mabu zu Gongbu

Wirkung: Baut im ganzen Körper Energie auf und kräftigt den Energiefluss in allen 5 Elementen. Beschleunigt den Stoffwechsel und formt mit der Zeit einen perfekten Körper, Fettpolster an Hüften und Oberschenkeln verschwinden. Diese Übung ist eine der besten gegen die oft so hartnäckigen Fettablagerungen an den Oberschenkeln („Reiterhosen").
Ausführung: Nehmen Sie mit den Beinen den Mabu ein, die geballten Fäuste halten Sie auf Hüfthöhe mit den Handflächen nach oben. Drehen Sie nun den linken Fuß auf der Stelle nach außen und strecken Sie das rechte Bein dabei durch, Ihr Körper dreht sich hierbei nach links in den Gongbu. Stoßen Sie die linke Faust nach vorn, sodass Ihr Arm am Ende der Bewegung noch leicht gebeugt ist und Ihre Handfläche nach unten zeigt. Ziehen Sie die linke Faust zur Hüfte zurück und kehren Sie in den Pferdestand zurück. Drehen Sie nun den rechten Fuß auf der Stelle nach außen und wiederholen Sie die Übung für die rechte Seite (siehe Seiten 107 und 108).
Bitte beachten: Üben Sie langsam, aber korrekt. Steigern Sie mit der Zeit die Geschwindigkeit der Wechsel. Üben Sie, solange Sie können.

Die Qigongübungen „5 Elemente"

Bitte beachten: Diese Übungen eignen sich für alle Altersgruppen, auch speziell für ältere Menschen. Sollten Sie an Ihrer körperlichen Eignung Zweifel haben, lassen Sie sich vorher ärztlich beraten oder fragen Sie einen erfahrenen Qigonglehrer.

Die Übungsfolge kann keinen qualifizierten Unterricht ersetzen, sondern soll eine Anregung sein. Im Anhang finden Sie einen Hinweis auf eine DVD (in englischer, französischer, spanischer und kantonesischer Sprache), auf der die Übungen zu sehen sind.
Diese Übungen führen zu einem starken Anstieg der Qi-Menge in den 5 Elementen. Nach einigen Tagen des Praktizierens reichert sich das Qi in den zwei Sondermeridianen, die vorn und hinten in der Körpermitte verlaufen (Gouverneurs- und Konzeptionsgefäß), stark an, um dann in die anderen Meridiane einzuströmen. Das Energieniveau des ganzen Körpers steigt, Blockaden werden gelöst, Beweglichkeit und Allgemeinbefinden werden deutlich gesteigert.
Ein weiterer positiver Effekt, der seit langen Jahren geschätzt wird, ist jener auf die Figur. Die Übungen bauen effektiv Fett ab (zum Beispiel die bereits erwähnten „Reiterhosen") und formen mit der Zeit eine bessere Figur. Muskeln und Sehnen werden gelockert, die Beweglichkeit wird enorm verbessert. Anfänger im chinesischen Kung-Fu sollten diese Übungen zur Vorbereitung durchführen.
Lernen Sie die Übungen langsam und zwingen Sie Ihren Körper nicht zu Höchstleistungen. Mit der Zeit fällt Ihnen das Training immer leichter. Die beste Wirkung erhalten Sie aber nur bei langem, konsequentem Üben. Sie können einzelne Übungen oder die gesamte Übungsreihe machen, führen Sie dabei jede Übung insgesamt 3-mal durch. Bei Übungen mit Seitenwechsel gilt dies für jede Seite.

Ausgangsübung: Führen Sie die Hände seitlich in einem Bogen bis über den Kopf und drehen Sie die Handflächen nach unten. Senken Sie die Arme vor dem Körper wieder ab und führen die Hände vor den Nabel. Die Handflächen werden nach oben gedreht, wobei der rechte Handrücken auf der linken Handfläche zu liegen kommt.

Ausgangsübung

1) Führen Sie die Hände in einem Bogen auf Brusthöhe, die Handflächen sind im Abstand von ca. 15 cm zueinander gerichtet, die Arme leicht gebeugt. Danach führen Sie die Hände zur Brust und legen Sie auf, die Fingerspitzen zeigen dabei zur Körpermitte und schräg nach unten. Ihre Ellenbogen stehen seitlich ab und sind so hoch wie möglich angehoben (1). Strecken Sie die Arme nach oben und außen, die Handflächen zeigen dabei nach oben (2,3).
Senken Sie nun die Arme ab, die Handflächen zeigen dabei weiter nach oben. Dann führen Sie die Hände vor den Nabel, Fingerspitzen nach vorn, Handflächen nach oben (4). Heben Sie nun die Hände bis zu den Schultern an, drehen Sie die Finger nach außen und hinten, die Handflächen zeigen immer noch nach oben. Strecken Sie nun die Arme, als ob Sie eine Last nach oben heben wollten, und folgen Sie der Bewegung mit Ihrem Blick (6). Über dem Kopf berührt die linke Hand mit der Handfläche den rechten Handrücken (7). Nun senken Sie beide Arme in einem Bogen seitlich ab und führen die Hände wieder vor den Nabel, wobei der rechte Handrücken auf der linken Handfläche zu liegen kommt (8).

2) Die rechte Hand beschreibt einen Bogen nach links, die Handfläche zeigt erst zum Körper und dann nach oben (1). Gleichzeitig bewegen Sie die linke Hand hinter dem Körper mit dem Handrücken zur rechten Hüfte (2). Der Oberkörper folgt der Bewegung, die Augen sind auf die rechte Hand gerichtet. Danach führen Sie die rechte Hand bis über den Kopf, wobei die Handfläche weiterhin nach oben und die Finger nach links zeigen. Die Augen folgen der Hand während der gesamten Bewegung (3).

Dann führen Sie auch die linke Hand über den Kopf, wo sie die rechte Hand von unten umfasst (4,5,7). Drehen Sie den Oberkörper wieder zurück und halten Sie einen Moment inne. Danach senken Sie beide Arme seitlich ab und führen die Hände wieder vor den Nabel, wobei der rechte Handrücken auf der linken Handfläche zu liegen kommt (6). Führen Sie die Übung anschließend seitenverkehrt durch.

Ausgangsübung

Abschlussübung

3) Heben Sie die Arme an und kreuzen Sie sie auf Kopfhöhe, der rechte Arm liegt über dem linken (1). Machen Sie nun mit dem rechten Bein einen Schritt nach rechts, Zehenspitzen nach außen, folgen Sie mit dem Körper der Bewegung und senken Sie die weiterhin gekreuzten Arme dabei ab, die Handflächen zeigen nach unten (2,3). Ballen Sie die Fäuste und beugen Sie das rechte Bein. Formen Sie nun mit Ihren Händen Tigerkrallen, der rechte Arm ist dabei waagrecht nach vorn ausgestreckt, der linke liegt seitlich am Körper, die Augen sind auf die rechte Hand gerichtet (4,5). Danach strecken Sie das rechte Bein und machen einen Schritt zurück, drehen sich in die Ausgangsstellung und kreuzen die Arme über dem Kopf, sodass der linke Arm auf dem rechten liegt. Zuletzt senken Sie die Arme in einem Bogen seitlich ab und führen die Hände wieder vor den Nabel, wobei der rechte Handrücken auf der linken Handfläche zu liegen kommt (6). Führen Sie die Übung anschließend seitenverkehrt durch.

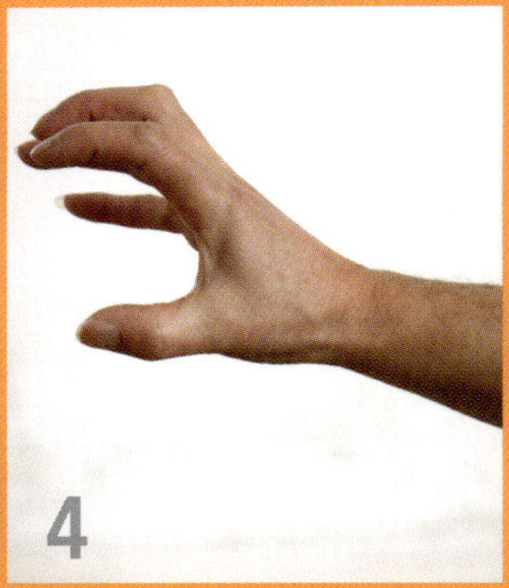

4) Führen Sie beide Arme in einem seitlichen Bogen über den Kopf, die Handflächen zeigen nach oben (1). Senken Sie nun die Arme in einem Bogen seitlich ab, wobei die Handflächen nach unten zeigen (2). Führen Sie die Hände weiter bis zur Brust und beugen Sie dabei die Arme (3). Die Handflächen zeigen jetzt nach vorne, die Fingerspitzen nach oben. Beugen Sie sich nun möglichst waagrecht vor und strecken Sie dabei die Arme nach vorn, die Handflächen zeigen zum Boden (4,5). Dann richten Sie sich auf. Wenn Sie diesen Teil der Übung nochmals durchführen möchten, bewegen Sie die Hände wieder vor die Brust und beugen dabei die Arme (6). Wiederholen Sie nun die Schritte wie bereits oben beschrieben. Zum Abschluss der Übung bewegen Sie die Arme in einem Bogen seitlich abwärts und führen die Hände wieder vor den Nabel, wobei der rechte Handrücken auf der linken Handfläche zu liegen kommt.

Übung 4

5) Die rechte Hand bewegt sich in einem Bogen zunächst nach links (1), dann wieder in einem Bogen zurück nach rechts (2), bis die rechte Hand hinter dem Kopf an die linke Seite des Kinns zu fassen kommt (3,4). Die linke Hand liegt währenddessen mit dem Handrücken hinten auf dem rechten Oberschenkel (5). Drehen Sie sich nun 3- bis 4-mal sanft nach rechts, wobei die rechte Hand den Kopf leicht nach rechts drückt. Kreuzen Sie dann die Arme mit den Handflächen nach vorn über dem Kopf, senken Sie sie anschließend in einem Bogen seitlich ab und führen die Hände wieder vor den Nabel, wobei der rechte Handrücken auf der linken Handfläche zu liegen kommt (6, 7). Führen Sie die Übung nun seitenverkehrt durch.

Ausgangsübung

Abschlussübung

6) Führen Sie die ineinandergelegten Hände in einem Bogen vor dem Körper über Ihren Kopf. Dort werden die Hände so gedreht, dass die Handflächen nach oben zeigen, die Hände liegen immer noch aufeinander (1). Ziehen Sie sie nun auseinander und senken Sie sie in einem Bogen mit den Handflächen nach unten seitlich am Körper ganz ab. Die Handflächen zeigen jetzt zu den Oberschenkeln (2). Drehen Sie die Handflächen nach oben, beugen Sie die Arme und führen Sie die Hände so vor den Körper, dass die Fingerspitzen nach vorn zeigen. Heben Sie die Hände nun bis auf Schulterhöhe an. Drehen Sie jetzt die Handflächen nach unten und senken Sie die Arme langsam ab, gleichzeitig beugen Sie die Knie und senken den Oberkörper ab. Zum Schluss liegen die Hände auf Ihren Knien (3,4). Drehen Sie nun die Hände, sodass die Handflächen nach oben zeigen, und richten Sie sich langsam wieder auf. Dabei heben Sie die Hände an, bis sie auf Schulterhöhe sind (5). Atmen Sie ein paarmal sanft ein und aus. Drehen Sie nun die Handflächen wieder nach unten und senken Sie Hände und Körper erneut ab, allerdings etwas tiefer. Ihre Hände liegen nun unterhalb der Knie (6). Zum Abschluss richten Sie sich auf (7) und falten vor der Brust die Hände, die Handflächen zeigen zum Körper. Führen Sie die gefalteten Hände über den Kopf und drehen die Handflächen nach oben. Lösen Sie die Hände voneinander und senken Sie die Arme in einem Bogen seitlich ab. Die Hände werden wieder vor den Nabel geführt, wobei der rechte Handrücken auf der linken Handfläche zu liegen kommt. (8)

Ausgangsübung

Abschlussübung

7) Die Hände formen Fäuste und werden an der Hüfte gehalten, Handflächen nach oben (1). Der rechte Arm schwingt auf Kopfhöhe nach links, die Handfläche zeigt nach innen (2). Die Handfläche dreht nun nach unten und der Arm schwingt in einem Bogen nach unten zur rechten Seite, dort dreht die Handfläche nach vorn (3, 4, 5). Der Arm schwingt zurück nach links und kommt flach am Ansatz des linken Ohrs zu liegen (6). Oberkörper, Kopf und Augen folgen der Bewegung. Die Ellenbogenspitze zeigt nun nach vorn und der Arm sollte waagrecht stehen. Schwingen Sie nun Ihren Körper sanft 3-mal nach rechts, der Kopf weist schräg nach oben. Kreuzen Sie nun beide Arme mit den Handflächen nach vorn über dem Kopf, senken Sie sie dann in einem Bogen seitlich ab (7). Bewegen Sie die Hände wieder vor den Nabel, wobei der rechte Handrücken auf der linken Handfläche zu liegen kommt. Führen Sie die Übung nun seitenverkehrt durch (8).

1

2

3

4

5

6

7

8

8) Führen Sie beide Arme in einem seitlichen Bogen über den Kopf, die Handflächen zeigen nach oben (1). Machen Sie mit dem rechten Bein einen Schritt nach rechts, drehen Sie dabei den ganzen Körper nach rechts. Führen Sie die gestreckten Arme zur Körpermitte, die Handflächen werden nach unten gedreht, die Finger zeigen nach vorn (2). Beugen Sie nun das rechte Knie, die Hände formen Tigerkrallen, der Körper wird so weit wie möglich nach unten gebeugt (3). Dann strecken Sie das rechte Knie, heben den Fuß so an, dass nur noch die Ferse auf dem Boden steht, und führen ihn wieder an den linken Fuß heran (4). Machen Sie mit dem rechten Fuß erneut einen Schritt nach rechts. Beugen Sie sich dann so weit mit gestreckten Armen und Tigerkrallen vor, bis Sie den Boden berühren (5). Das linke Bein bleibt dabei gestreckt, der Fuß stellt sich auf die Zehenspitzen, das rechte Bein wird gebeugt, damit das Berühren des Bodens ermöglicht wird (6). Sie schauen nach vorn. Strecken Sie das rechte Bein durch, richten Sie Ihren Körper auf und ziehen Sie das rechte Bein auf der Ferse stehend an das linke Bein heran (7, 8). Dann drehen Sie Ihren Körper in die Ausgangsstellung zurück. Abschließend kreuzen Sie die Arme mit den Handflächen nach vorn über dem Kopf, senken sie dann in einem Bogen seitlich ab und führen Ihre Hände wieder vor den Nabel, wobei der rechte Handrücken auf der linken Handfläche zu liegen kommt. Wiederholen Sie die Übung seitenverkehrt.

Ausgangsübung

Übung 8

Abschlussübung

9) Heben Sie Ihre Arme in einem Bogen seitlich bis über den Kopf und senken Sie sie dann so ab, dass die Handflächen die Ohren bedecken (1). Die Fingerspitzen zeigen dabei nach hinten und liegen auf dem Hinterkopf auf. Beugen Sie sich nun langsam, so weit Sie können, vor, maximal bis in die Waagrechte, und richten Sie sich dann langsam wieder auf (2, 3). Beim Aufrichten lösen Sie die Handflächen von den Ohren, die Fingerspitzen bleiben dabei am Hinterkopf liegen, und strecken die Arme nach hinten durch (4).

Führen Sie die Übung maximal 4-mal durch. Abschließend kreuzen Sie die Arme – die Handflächen zeigen nach vorn – über dem Kopf (5), senken sie dann in einem Bogen seitlich ab und führen die Hände wieder vor den Nabel, wobei der rechte Handrücken auf der linken Handfläche zu liegen kommt (6).

Bitte beachten: Nicht bei Bluthochdruck ausführen.

Ausgangsübung

1

2

3

4

5

6

Abschlussübung

10) Führen Sie die Arme mit geöffneten Handflächen in einem seitlichen Bogen bis über den Kopf und falten Sie die Hände (1). Jetzt drehen Sie die Handflächen mit ausgestreckten Armen nach oben, die Hände bleiben dabei gefaltet (2). Beugen Sie sich vor, dabei bitte die Arme gestreckt halten und die Hände gefaltet (3,4). Die Handflächen zeigen nach vorn, Sie schauen ebenfalls nach vorn. Nun richten Sie sich wieder auf. Führen Sie diesen Teil der Übung (beugen und wieder aufrichten) insgesamt 3-mal durch. Lösen Sie zum Abschluss der Übung die gefalteten Hände über dem Kopf, führen Sie die Arme in einem Bogen seitlich ab und bewegen Sie die Hände wieder vor den Nabel, wobei der rechte Handrücken auf der linken Handfläche zu liegen kommt (5).
Bitte beachten: Beugen Sie sich nur so weit vor, wie es Ihnen ohne größere Anstrengung möglich ist. Lassen Sie die Übung bei Bluthochdruck oder Rückenbeschwerden aus oder beraten Sie sich mit einem qualifizierten Qigonglehrer.

Abschlussübung

Massage und Medizin

Zur Ausbildung der Mönche gehört auch das Fachgebiet der chinesischen Naturheilkunde mit Wissen um die wichtigsten Heilpflanzen und ihren Einsatz bei Krankheiten. Zur Behandlung von Verletzungen, die durch den oft harten Kampfsport entstehen können, setzen sie erfolgreich Kräutertinkturen ein und eine besondere Art der Massage.

Medizinbuch des Shaolinklosters aus dem Jahr 1876

Abschlussübung: Kreuzen Sie die Arme mit den Handflächen nach vorn über dem Kopf, senken Sie sie dann in einem Bogen seitlich ab und führen Sie die Hände wieder vor den Nabel, wobei der rechte Handrücken auf der linken Handfläche zu liegen kommt.

Gehen Sie nach den Übungen einige Zeit langsam umher, bis sich der Energiekreislauf wieder normalisiert hat. Duschen Sie nicht unmittelbar nach den Übungen.

Bambusrohr

Massage mit dem Bambusrohr

Diese ist sehr überzeugend, da sie in kürzester Zeit Verspannungen und auch Muskelschmerzen wie zum Beispiel Muskelkater beseitigen kann. Während meines sehr anstrengenden Trainings in der Kung-Fu-Schule setzte ich diese Massage täglich mit großem Erfolg ein.

Energetische Wirkung: Durch kurzfristiges Blockieren des Qi-Flusses wird dieser nachhaltig angeregt und verstärkt.

Herstellung: Sie können dieses Massagegerät leicht selbst herstellen. Kaufen Sie im Baumarkt ein Bambusrohr mit einem Durchmesser von ca. 35 mm und sägen Sie es auf eine Länge von 55 cm zu. Wählen Sie hierbei ein Teilstück, das an einem Ende geschlossen ist. Sägen Sie den Bambus nun von diesem Ende her in der Mitte auf einer Länge von 38 cm ein.

Anwendung: Beklopfen Sie mit diesem Gerät Ihre Muskulatur, bis eine kräftige Rötung auftritt. Anschließend massieren Sie Wintergrünöl oder ein anderes erwärmendes Massageöl in die geröteten Bereiche ein.

Bitte beachten: Diese Massage ist sehr wirksam bei Verspannungen und Muskelschmerzen durch zu langes Training. Sie sollte nicht auf entzündlichen Stellen, offenen Wunden, von Hautkrankheiten betroffenen Arealen sowie in der Schwangerschaft angewandt werden. Die Stärke der Anwendung richtet sich ausschließlich nach Ihrem Wohlbefinden.

Massage mit dem Bohnensäckchen

Diese ist eine wirksame Methode zur Verbesserung der Durchblutung von Muskeln und Gelenken. Sie wird bei Arthrosebeschwerden sowie zur Lösung von Verspannungen und Verhärtungen angewandt. Durch die Behandlung werden die Muskeln unempfindlicher und die Gelenke stabiler. Im Kloster wird die

Bohnensäckchen:
Indem Sie mit einem Bohnensäckchen auf Muskeln und Gelenke klopfen, erhalten diese eine verbesserte Energiezufuhr und werden geschmeidiger und stabiler. Bohnensäckchen sind idealerweise aus Leinen und mit rohen, grünen oder gelben Sojabohnen gefüllt.

Methode zur Abhärtung eingesetzt und um den Zustand des Bewegungsapparates zu verbessern.

Energetische Wirkung: Durch kurzfristiges Blockieren des Qi-Flusses wird dieser nachhaltig angeregt und verstärkt. Dies führt zu einer verbesserten Energiezufuhr und bei lange anhaltender Behandlung auch zu einer verbesserten Struktur von Muskeln und Gelenken. Ich habe damit eine über 30 Jahre bestehende chronische Schleimbeutelreizung am Knie erfolgreich behandelt.

Herstellung: Nähen Sie sich aus einem stabilen Stoff, am besten Leinen, ein Säckchen mit einer Länge von ca. 30 cm und einem Durchmesser von 5 cm. Füllen Sie das Säckchen je zur Hälfte mit rohen grünen und gelben Sojabohnen, die Sie im Asienladen oder auch im Reformhaus erhalten. Nähen Sie Ihr Säckchen nun zu. Es sollte stabil sein, da es einiges aushalten muss.

Anwendung: Klopfen Sie nun mit dem Säckchen auf die betroffenen Stellen, wählen Sie dabei anfangs eine geringe Intensität. Beklopfen Sie jede Stelle maximal 5 Minuten, bis eine gut sichtbare Rötung auftaucht. Massieren Sie anschließend etwas süßes Mandelöl ein. Wiederholen Sie die Behandlung täglich an derselben Stelle, bis eine Verbesserung auftritt. Wählen Sie pro Behandlung maximal zwei Körperstellen aus.

Bitte beachten: Nicht zur Behandlung offener Wunden, entzündlicher Gelenke, von Hautkrankheiten betroffene Areale sowie in der Schwangerschaft.

Beginnen Sie zunächst sanft, warten Sie dann die Reaktion ab und steigern Sie die Behandlung in der Folge. An erster Stelle steht Ihr Wohlbefinden.

Kräutertinkturen

Als Soforthilfe bei Prellungen oder Schlagverletzungen, die beim Training leicht auftreten, verwenden die Mönche verschiedene Kräutertinkturen, die sehr schnell wirken. Diese Tradition ist in Asien weitverbreitet, man nennt diese Tinkturen Di Ta Jiu. Jeder erfahrene Lehrer und Meister verfügt über seine eigene Rezeptur, die oft geheim gehalten wird.

Die folgende wirksame Tinktur für alle Arten von Prellungen, Verstauchungen und Zerrungen können Sie selbst herstellen.

„Duftender Drachenwein"

Zutaten

10 g Gewürznelken
(Syzygium aromaticum)
18 g Himalajaschartenwurzel
(Aucklandia lappa)
16 g Fenchelfrüchte
(Foeniculum vulgare)
80 g chinesische Engelwurz
(Angelica sinensis)
45 g Saflorblüten
(Carthamus tinctorius)
20 g Sandelholz
(Santalum album)
1 EL Pflanzenöl
Weinbrand

Zubereitung

Geben Sie die Heilpflanzen (Bezugsquelle siehe Anhang) in einen Mörser und zerkleinern Sie sie etwas. Erhitzen Sie nun in einer großen Pfanne oder einem chinesischen Wok das Pflanzenöl. Fügen Sie die Heilpflanzen hinzu und rösten Sie sie unter ständigem Rühren 5 Minuten an. Füllen Sie die Heilpflanzen dann in ein großes Glas mit mindestens 1 l Volumen und geben Sie Weinbrand hinzu (einfachste Qualität reicht aus), bis sie ganz von Flüssigkeit bedeckt sind. Kontrollieren Sie am nächsten Tag, ob die Menge ausreicht, und geben Sie gegebenenfalls noch Weinbrand zu. Die Kräuter müssen immer vollständig bedeckt sein.

Das Glas stellen Sie an einen warmen Ort und schütteln es täglich etwas. Nach 6 Wochen filtern Sie die Kräuter mittels Sieb ab, danach füllen Sie Ihre Tinktur in dunkle Flaschen, am besten Apothekerfläschchen.

Anwendung: Bei Prellungen, Verstauchungen, Zerrungen, Blutergüssen oder stumpfen Schlagverletzungen. Bei Bedarf geben Sie etwas Flüssigkeit in die Hand und reiben sie kräftig auf die betroffene Stelle. Sie können auch ein Tuch mit der Flüssigkeit tränken und Umschläge machen oder einen Verband anlegen. So lange anwenden, bis die Beschwerden nachlassen.

Bitte beachten: Nicht auf offene, blutende Wunden oder von Hautkrankheiten betroffene Areale aufbringen und nicht einnehmen!

Diese Tinktur hat mir schon bei sehr vielen Problemen hervorragende Dienste geleistet.

Chinesisches Zeichen für Wohltat

Anhang

Literaturtipps

- Carl-Hermann Hempen, Toni Fischer
  Leitfaden Chinesische Phytotherapie
  Einschließlich mineralischer und tierischer Arzneien
  Urban & Fischer, München 2006

- Ted J. Kaptchuk
  Das große Buch der chinesischen Medizin
  Die Medizin von Yin und Yang in Theorie und Praxis
  O. W. Barth bei Scherz Verlag, Frankfurt 1990

- Jes T. Y. Lim
  Feng Shui & Gesundheit
  Vital leben in Haus und Wohnung
  Joy-Verlag, Oy-Mittelberg 1997

- Manfred Porkert, Carl-Hermann Hempen
  Systematische Akupunktur
  Urban & Fischer, München 1995

- Hans-Joachim Schneider
  Die kaiserlich-chinesische Apotheke für ein langes Leben
  Heilpflanzen – Lebensmittel – Energieübungen
  Herbig, München 2007

- Lillian Too
  Feng Shui. Das große Buch
  Ullmann/Tandem, Königswinter 2000

- Derek Walters
  Das Feng-Shui Praxisbuch
  Besser wohnen, gesünder leben, erfolgreicher arbeiten
  Scherz Verlag, Frankfurt 2003

Eine DVD zu den Übungen ist unter dem Titel **„Bodhidharma Channel – Changing Scripture"** (ISBN 88721-170-0) erhältlich. Die Erläuterungen sind in englischer, französischer, spanischer und kantonesischer Sprache verfügbar.

Bezugsquelle für chinesische und deutsche Heilpflanzen

Kräuter Schulte
Hauptstraße 5
D-76593 Gernsbach
Tel.: +49 72 24 38 76
E-Mail: kraeuterschulte@aol.com

Kurse

Kung-Fu, Qigong, Heilpflanzen, Tao
Hans-Joachim Schneider
Oberdorfstraße 3
D-73116 Wäschenbeuren
Tel.: +49 172 740 22 35
E-Mail: hjschneidergp@web.de

Die Studien und Erkenntnisse über die Anwendungen in diesem Buch wurden sorgfältig recherchiert und nach bestem Wissen und Gewissen wiedergegeben. Alle Informationen ersetzen aber in keinem Fall ärztlichen Rat und ärztliche Hilfe. Bei erkennbaren Krankheiten ist in jedem Fall ein Arzt aufzusuchen. Der Verlag und der Autor übernehmen keinerlei Haftung für Beschwerden, die sich durch Anwendung der Rezepte und Übungen ergeben, und übernehmen auch keinerlei Verantwortung für medizinische Forderungen.

Bildquellen

Umschlag: Hans-Joachim Schneider
Inhalt: Hans-Joachim Schneider, außer Seiten 40, 41, 68, 101 (Barbara Urbon), Seite 62 (Marem – Fotolia.com)
Übungssequenzen Seiten 87–92 und 109–120: Rainer Fehringer
Illustration Seite 68: Monika Biermaier
Grafiken: Ravenstein + Partner, Verden

Impressum

Sturzgasse 1a, A-1141 Wien
buch@avbuch.at, Internet: www.avbuch.at

Die Deutsche Bibliothek – CIP-Einheitsaufnahme
Die Deutsche Bibliothek verzeichnet diese Publikationen in der Deutschen Nationalbibliografie;
detaillierte bibliografische Daten sind im Internet über http://dnb.ddb.de abrufbar.

Projektleitung: Alexandra Mlakar, avBUCH
Redaktion: Jürgen Ehrmann, media-solutions.at
Umschlag & Layout: Ravenstein + Partner, Verden

Druck und Bindung: Westermann Druck, Zwickau
Printed in Germany

ISBN: 978-3-7040-2335-3